西安文理学院学术专著出版基金资助出版

养老保险流动性损失：

交易费用的研究视角

YANGLAO BAOXIAN LIUDONGXING SUNSHI
JIAOYI FEIYONG DE YANJIU SHIJIAO

马云超 / 著

河北出版传媒集团

河北人民出版社

石家庄

图书在版编目（ＣＩＰ）数据

养老保险流动性损失：交易费用的研究视角 / 马云
超著. -- 石家庄：河北人民出版社，2023.5
ISBN 978-7-202-06393-4

Ⅰ．①养… Ⅱ．①马… Ⅲ．①养老保险－研究－中国
Ⅳ．①F842.612

中国国家版本馆CIP数据核字(2023)第090320号

书　　　名	**养老保险流动性损失：交易费用的研究视角**	
著　　　者	马云超	

责任编辑	王　岚
美术编辑	李　欣
封面设计	马玉敏
责任校对	余尚敏

出版发行	河北出版传媒集团　河北人民出版社
	（石家庄市友谊北大街 330 号）
印　　刷	河北万卷印刷有限公司
开　　本	710 毫米 ×1000 毫米　　1/16
印　　张	12.5
字　　数	216 000
版　　次	2023 年 5 月第 1 版　　2023 年 5 月第 1 次印刷
书　　号	ISBN 978-7-202-06393-4
定　　价	78.00 元

自　序

　　劳动力从农业向非农产业流动是世界上所有国家工业化和城镇化进程中的普遍规律与趋势，尤其在我国典型的二元经济结构模式下，劳动力大规模流动是社会经济发展不可避免的一个现象。虽然劳动力大规模流动增加了劳动者的个人收益，促进了经济社会的发展，但在劳动力流动就业的同时，许多问题随之而来，其中养老保险权益损失问题就是一个备受关注而又亟待解决的难题。在当前的制度体系下，劳动者流动时，面临着养老保险关系跨统筹区域和跨养老保险制度转移不畅的问题，这不但阻碍了劳动力的合理流动，而且不利于社会安定与和谐。因此，探讨劳动力流动中的养老保险权益损失问题，无论从理论角度还是从现实角度而言，都具有十分深远的意义。

　　本书从经济学的角度研究劳动力流动中的养老保险权益损失问题，尤其侧重从交易费用的视角研究劳动者流动中所承担的交易费用及其形成机理。首先，本书将劳动者流动时遭遇的养老保险权益损失定义为养老保险流动性损失，这一概念的提出不仅有利于从交易费用的视角开展研究，还有利于进一步追溯损失的成因及探究规避损失的途径。在对国内外关于劳动力流动的阻碍因素及养老保险流动性损失的文献进行述评后，本书提出从交易费用的视角研究养老保险权益损失问题，并将劳动力流动、交易费用和制度变迁等理论作为理论基础。其次，将养老保险制度视为一个契约，将中央政府、地方政府、雇主和劳动者视为交易主体，则劳动者的养老保险流动性损失可以看作劳动者在流动过程中所承担的因养老保险制度引起的交易费用的集合，由此建立了养老保险权益损失问题的交易费用分析框架。再次，分析养老保险流动性损失的形成机理。交易主体的利益博弈形成了养老保险的制度壁垒和统筹层次壁垒，劳动力处于博弈的弱势地位，常常承担较高的交易费用。最后，从长期和短期两个阶段研究解决养老保险流动性损失问题的对策。在短期内可以借鉴欧盟的经验，通过平衡不同交易主体利益诉求的方式在现有制度间建立通道，从而降低劳动者的交易费用。但长远看，必须以实现基本养老保险全国统筹为目标，建立国民基础年金、职业年金、地方附加养老金和个人储蓄养老保险等多层次的养老保险制度体系，使劳动者无论是在不同区域流动还是在不同职业间流动，其养老保险权益都能够得到充分维护。

目　录

第一编　导论

概　述

一、养老保险流动性损失问题的提出

近年来，我国社会养老保险事业取得了良好的成绩：社会养老保险覆盖范围进一步扩大，城乡居民参保人数进一步增加，企业职工养老保险金不断提高。这标志着我国养老保险的保障能力在进一步增强。但是，我国基本养老保险制度也存在着一些不足，其中劳动力流动中要承担较高的养老保险权益损失就很有代表性。

为了解决养老保险权益的"流动性损失"问题，政府一直在进行改革与实践。2007 年 10 月，"提高统筹层次，制定全国统一的社会保险关系转续办法"的提法就已经写入了党的十七大报告中。为保障参保人员的合法权益，促进劳动力合理配置和自由流动，2009 年 12 月 28 日国务院办公厅发布了《城镇企业职工基本养老保险关系转移接续暂行办法》，规定了跨省流动就业转移基本养老保险关系的资金转移的计算方法、待遇领取条件、领取地点以及办理程序等，为参加城镇企业职工基本养老保险的所有人员，包括农民工等参保人员的跨地区养老保险关系实现顺畅转移提供了可能。2017 年人社部出台了《关于机关事业单位基本养老保险关系和职业年金转移接续有关问题的通知》（人社部规〔2017〕1 号）。

党的十九大报告进一步提出："完善城镇职工基本养老保险和城乡居民基本养老保险制度，尽快实现养老保险全国统筹。"2018 年 6 月，国务院印发通知建立企业职工基本养老保险基金中央调剂制度，迈出了实现养老保险全国统筹的第一步。党的十九届四中全会明确加快建立基本养老保险全国统筹制度。2019 年中央经济工作会议强调加快推进养老保险全国统筹。2019年《人力资源社会保障部办公厅关于职工基本养老保险关系转移接续有关问题的补充通知》要求各级社会保险经办机构要统一使用全国社会保险关系转移系统办理养老保险关系转移接续业务、传递相关表单和文书，减少无谓证明材料。虽然政策不断推进，但由于全国基本养老保险统筹水平层次不一，截至 2021 年底，全国也只是初步完成了人力资源和社会保障部的省级统筹竣工验收，而大部分地区的省级统筹也只是信息系统的统筹，整个养老保险体系并未整合，仍然为碎片化的状态。显而易见，当前社会养老保险关系转续政策只是一个过渡办法。

党的十九大报告提出："按照兜底线、织密网、建机制的要求，全面建成覆盖全民、城乡统筹、权责清晰、保障适度、可持续的多层次社会保障体系。"在这一大背景下，研究养老保险流动性损失问题是必要的，也是必须的。从公共经济学的角度看，养老保险是一种公共产品，养老保险关系的转移是养老保险这种公共产品的交易，交易的主体是劳动者个人和养老保险管理当局，也就是各级政府。养老保险的流动性损失可以看作是养老保险关系转移这一交易的成本。本书的研究重点就是劳动者的养老保险权益损失问题，通过交易费用理论来分析劳动力流动中承担的各类交易费用，探析养老保险流动性损失的形成机理，寻找降低劳动者流动中的交易费用、防范流动性损失、维护劳动者养老保险权益的途径。

党的二十大报告明确提出：完善基本养老保险全国统筹制度，发展多层次、多支柱养老保险体系。

二、相关概念的界定

（一）养老保险体系

养老保险是社会保险的一种，它通过为退出劳动力市场的老年人提供一定收入保障的方式帮助其解除养老的后顾之忧，其本质是一种由国家和社会设计的化解老年风险的制度安排。人力资源和社会保障部（以下简称"人社部"）于 2021 年 7 月发布的《健全多层次养老保险体系》中提到"我国已初步构建起以基本养老保险为基础、以企业（职业）年金为补充、与个人储蓄性养老保险和商业养老保险相衔接的'三支柱'养老保险体系。"本书中涉及养老保险关系转移的制度包括基本养老保险和职业年金两种。

基本养老保险作为一项社会制度安排，是一个国家社会保障制度的重要组成部分，也是社会保险中的核心险种。具体而言，基本养老保险就是国家通过一系列法律形式的制度安排，为达到法定退休年龄或年老丧失劳动能力退出劳动队伍的劳动者提供的一种收入补偿制度，以保障其基本生活。这一定义包括以下几点内容：首先，明确了养老保险的对象是达到法定年龄或年老丧失劳动能力的劳动者；其次，明确了养老保险的手段是政府提供的补偿性的制度安排；最后，明确了养老保险的目的是保障基本的生活水平。

职业年金是指用人单位根据国家的相关政策和规定，在基本养老保险之外建立的，旨在为本企业职工提供一定程度退休保障的一种补充性养老保险制度，是养老保险体系中的第二支柱，它的重要性仅次于基本养老保险。

（二）基本养老保险关系

基本养老保险关系是指劳动者参加基本养老保险，并按照规定履行缴费义务，直至缴满规定的年限及达到法定退休年龄时获得资金和服务的这一过程中，个人与企业、政府形成的权利与义务关系。

本书仅以国家提供给劳动者的基本养老保险作为研究对象，不涉及其他养老保险，因此所提到的养老保险和养老保险关系均指基本养老保险。

（三）基本养老保险权益

权益是指符合法律规定的权利和利益。权利是法律赋予法律关系主体的对自己以及要求他人作为或者不作为的一种许可和保障。利益是指在符合一定社会环境、社会制度及客观规律的情况下，法律主体能够获得的某种资源，如受教育、获得劳动报酬、生命安全得到保障等。权益是国家法律赋予的，具有不可侵犯性。劳动者的基本养老保险权益是指劳动者拥有的基本养老保险权利和利益，具体是指要求国家提供满足其基本生活的养老金以化解老年风险的权利。

基本养老保险权益既有人权的属性，又有财产权的属性。从人权角度上讲，基本养老保险权益是一项基本人权，当公民履行缴费义务，在达到法定退休年龄时，有从国家获得物质保障和服务，以维持其基本生活水平的权利。从财产权角度上讲，基本养老保险权益的获得是以个人缴费为前提条件的，是一种可以要求国家保护和实现的法定权利。另外，基本养老保险权益还具有与特定的人身不可分离、不可分割和不能转让的特定属性。

除基本养老保险权益外，职业年金也是劳动者的一项权益，因此也应当受到法律保护。

（四）养老保险可携性

养老保险可携性是指劳动者在更换工作地点或职业时，积累的养老保险权益具有能够随同转移，且当下和退休后的养老保险权益价值不会因此而减少的属性。

（五）养老保险流动性损失

养老保险流动性损失是本书的关键词，也是本书的研究重点。受到现行养老保险制度的影响，劳动者在跨地区流动和跨职业流动就业时，养老保险权益无法顺利转移，造成可携性问题，使劳动者陷入流动困境，由此而形成的养老保险权益损失就是养老保险流动性损失。这种损失不仅指劳动者在当下某一特定养老保险模式下积累的养老保险缴费时间和所对应的权益的损失，还包括远期的养老保险待遇的损失。因此，本书研究的养老保险流动性损失的主体是劳动者，是指劳动者承担的损失。

养老保险流动性损失按照其形成原因的不同可以划分为两类：第一类是由于我国当前的养老保险制度依人群划分，形成了针对农民、城市居民、机关事业单位工作人员和城镇企业职工设计的四种养老保险制度，人群在不同的养老保险制度间流动时，若养老保险关系无法转移接续，或是不同制度的算法不同，则会产生养老保险流动性损失；第二类是在同一制度内，由于地区的差异，劳动者的养老保险关系也会存在难以转移接续的情况。例如，在城镇企业职工养老保险这一制度内部，由于不同地区之间的养老保险制度存在差异，当劳动者流动时，养老保险关系转移接续可能出现政策衔接上的困难，由此造成养老保险流动性损失。

职业年金流动性损失按照其形成原因，也可以划分为两类：一类是由于我国职业年金被划分为企业为雇员建立的企业年金和机关事业单位为职工建立的机关事业单位职业年金两类。当劳动者在两种类型的工作单位流动就业时，便可能面临职业年金的转移问题。第二类是由于职业年金属于属地管理，在省级层面统筹管理，因此劳动者在跨统筹区域流动就业时也面临职业年金的转移问题。

三、养老保险流动性损失问题的研究意义

（一）理论意义

基于各个国家经济、人口、社会等多方面的不同因素，建立了社会保险制度的国家中存在不同的养老保障模式，养老保险模式需要在不断研究的基础上改革优化。

就基本养老保险而言，我国养老保险由建立之初的现收现付制转变为兼具现收现付制与完全积累制优点的统账结合模式，虽然降低了"转轨成本"，

但仍存在一些需要完善的地方。

由于养老保险可携性差带来的养老保险关系转移问题是我国社会保障领域中亟待解决的问题之一，学界对于这一问题也进行了广泛研究，但从养老保险关系转移的必要性及障碍因素角度开展的对策研究较多，针对养老保险可携性的研究比较少。以交易费用为视角，分析劳动力流动中养老保险流动性损失则是一个比较新的角度。本书的意义就在于以交易费用理论分析现行养老保险制度下劳动者流动过程中可能承担的交易成本，也就是劳动者的流动性损失，在此基础上追本溯源，探析养老保险流动性损失的形成机理，最后提出有针对性的制度安排，以期从理论上探索解决养老保险流动性损失问题的路径。

（二）现实意义

基本养老保险是社会保险制度的核心内容，也是社会主义市场经济体制的重要组成部分。一方面，它可以满足退休劳动者的生活保障，使其能够老有所养、颐养天年；另一方面，能够消除在职劳动者对远期养老的担忧。基本养老保险作为国家为公民提供的一种化解老年风险的制度性安排，更应当体现公平与正义。与其他社会保险不同，养老保险具有两个"长期性"的特点：第一，养老保险的缴费期限长。我国劳动者一般交纳 15 年的费用，就能在退休后享受养老保险待遇。第二，养老保险待遇享受时间长。劳动者达到养老保险待遇享受条件后就能够一直享受待遇直至死亡。随着人类寿命的增长，这一时间将继续延长。养老保险的两个长期性特点要求养老保险应该具备随着劳动者的流动而转移的特性。然而，目前我国养老保险可携性较差，导致劳动者在流动就业过程中遭遇养老保险关系转移困难、缴费中断衔接困难等问题，造成一定程度的养老保险流动性损失。

就职业年金而言，虽然我国职业年金实行的是个人账户的积累制，但个人账户又分为单位缴费子账户和个人缴费子账户。个人缴费子账户的基金在劳动者流动时可以完全带走，并不存在转移接续问题，但单位缴费子账户牵涉投资运营和转移的问题。随着我国职业年金参保人数的逐年增多以及劳动力流动就业比率的增加，职业年金转移接续问题也成为急需解决的问题之一。

研究养老保险流动性损失有利于促进劳动力自由流动和统一的劳动力市场的形成；有利于保障个人的养老保险权益，促进公共服务均等化；有利于提高统筹层次，为养老保险全国统筹奠定基础。

四、研究思路与研究方法

（一）研究思路

本书从交易费用的视角，以劳动力流动中的养老保险权益损失问题为主题展开研究。研究按照提出问题、建立分析框架、分析问题和解决问题的思路进行展开。

首先，对国内外关于劳动力流动的阻碍因素及养老保险流动性损失的文献进行梳理，并对现有研究成果进行述评，提出从交易费用的角度解释养老保险流动性损失问题。在此基础上，对劳动力流动、交易费用和制度变迁等理论进行梳理，奠定本书的理论基础。

其次，建立养老保险权益损失问题的交易费用分析框架，从交易费用的视角展开研究。将劳动力流动置于交易费用的理论框架下，养老保险关系就可以视为一种交易关系，劳动者的养老保险流动性损失就是劳动者在流动过程中可能承担的交易费用。

再次，分析交易费用框架下，劳动力流动中养老保险权益损失的形成机理。当前，劳动者在不同养老保险制度间和不同统筹区域之间流动存在困难的原因是劳动力流动过程中存在制度壁垒和统筹层次壁垒，而这两个壁垒的形成是交易主体利益博弈的结果。因此，要想进一步了解交易费用形成的机理，就要分析不同交易主体的利益诉求及利益冲突，并在此基础上研究劳动者在利益博弈中的地位及其最终承担的交易费用。

最后，研究防范劳动力流动中养老保险权益损失的制度安排。欧盟在其联盟范围内实现了劳动力自由流动，其防范养老保险流动性损失的经验可以为我国所借鉴。在分析欧盟经验的基础上，结合我国的国情，可以从短期和长期两个阶段提出解决问题的制度安排。现阶段在维持现有制度不变的情况下，应当以平衡各交易主体的利益诉求为主，进行相应的制度安排，打通不同制度间的通道，使劳动者能够自由流动，由此降低劳动者的交易费用。然而，这只是过渡阶段的一种权宜之计。从长远来看，现行制度本身的缺陷是流动性损失存在的根源，因此必须通过制度变革的方式建立新的养老保险制度体系，从而彻底解决劳动力流动中的养老保险权益损失问题。

（二）研究方法

养老保险是以经济学、管理学和政治学等学科为基础建立起来的一个多学科交叉的研究领域。由于养老保险属于社会保障的研究范畴，所以学术界更多地是从管理学的角度研究养老保险流动性问题。本书则主要从经济学的角度来研究劳动力流动中的养老保险权益损失问题，尤其侧重从交易费用的视角研究劳动者流动中所承担的交易费用及其形成机理。具体而言，本书在研究过程中主要运用了以下几种研究方法：

第一，规范分析与实证分析相结合的方法。规范分析以价值判断为基础，提出判定标准，并回答"应该是什么"的问题；实证分析以事实为依据，对现象进行描述，分析存在的问题，并给出解决问题的办法，回答"是什么"的问题。将两种分析方法有机结合在一起有利于对问题进行深入的分析与研究。本书从经济学的角度研究劳动力流动中的养老保险权益损失问题：首先通过分析劳动力流动的现状及趋势提出劳动力养老保险流动性损失问题，进而对问题的成因进行分析，并结合欧盟的经验探讨解决问题的路径，这是一种实证研究的方法。与此同时，试图证明现行制度下劳动力流动承担的交易费用较高，应该通过配置方式优化制度安排，降低劳动者的交易费用。理想的养老保险制度体系应当是帕累托最优的，各交易主体的利益诉求都能够得到基本满足，处于均衡博弈的状态，这是一种规范分析的方法。

第二，理论研究与对策研究相结合的方法。养老保险流动性损失问题既是一个需要对养老保险流动性损失及其形成机理展开深入研究的理论课题，又是一个劳动力大规模流动下养老保险流动性损失的现实问题。因此，研究要注重理论研究与对策研究相结合，在构建交易费用理论框架的基础上，探究养老保险流动性损失问题的实质及其形成机理，并以此为基础，提出维持现有制度的过渡性对策和未来彻底解决问题的长远制度安排，实现理论指导实践。

第三，定性分析与定量分析相统一的方法。定性分析注重对研究对象的社会背景和历史状况发展过程进行动态考察，有助于把握社会现象的本质和发展规律。定量分析注重对经济活动进行数据收集和统计分析。本书以定性分析为主，对养老保险制度及各交易主体的利益诉求和利益博弈进行了深入的定性分析，同时运用统计数据、图表等量化工具对劳动力流动性困境进行了定量分析，并将两者在研究中相统一。

五、研究内容

根据前述研究思路和方法，本书共分为四编，前三编主要探讨养老保险的流动性损失问题，第四编探讨养老服务相关问题。

第一编将劳动者流动时遭遇的养老保险权益损失定义为养老保险流动性损失。这一概念的提出不仅有利于从交易费用的视角开展研究，还有利于进一步追溯损失的成因及探究规避损失的途径。

第二编主要研究基本养老保险的流动性损失问题。在对国内外关于劳动力流动的阻碍因素及养老保险流动性损失的文献进行述评后，提出从交易费用的视角研究养老保险权益损失问题，并阐述了劳动力流动、交易费用和制度变迁等理论是本研究的理论基础。将养老保险制度视为一个契约，将中央政府、地方政府、雇主和劳动者视为交易主体，由此劳动者的养老保险流动性损失可以看作劳动者在流动过程中所承担的因养老保险制度引起的交易费用的集合，从而建立养老保险权益损失问题的交易费用分析框架。在此基础上，分析养老保险流动性损失的形成机制。交易主体的利益博弈形成了养老保险的制度壁垒和统筹层次壁垒，劳动力处于博弈的弱势地位，最终承担了高昂的交易费用。最后，从长期和短期两个阶段研究解决养老保险流动性损失问题的对策。在短期内可以借鉴欧盟的经验，通过平衡不同交易主体利益诉求的方式，在现有制度间建立通道，从而降低劳动者的交易费用；但长远来看，必须以实现基本养老保险全国统筹为目标，建立国民基础年金、职业年金、地方附加养老金和个人储蓄养老保险等多层次的养老保险制度体系，使劳动者无论是在不同区域流动还是在不同职业间流动，其养老保险权益都能够得到充分维护。

第三编探讨劳动力流动带来的职业年金损失问题。职业年金制度是指用人单位在参加社会基本养老保险的基础之上，在国家政策指导和监督下，依据本单位实际情况而建立的，旨在进一步提高员工退休后生活水平的一种补充性养老保险制度。从种类划分来看，它既不同于社会保险，又不同于商业保险，而是由用人单位提供的一种带有福利性质的保障制度。从养老保险体系的角度来讲，职业年金是在建立基本养老保险的前提下，对员工养老的一种补充和辅助，在多支柱的社会养老保险体系中起着不可或缺的作用。职业年金与基本养老保险虽然都是为了保障老年人退出劳动力市场后的生活，但两者的保障层次并不一样，基本养老保险保障的是劳动者退出劳动力市场后最基本的生活水平，保基本，而职业年金是在基本养老保险的基础上增加老年人的退休收入，是为了提高老年人的退休待遇，提升老年人的生活水平。本书对职业年金的内涵、特征及作用进行了分析，介绍了我国职业年金的发展情况，并提出养老金背后我国劳动力流动的职业年金转移问题，以及由此可能带来的劳动者的权益损失和解决方案。

第四编主要介绍我国养老服务相关问题。从中华人民共和国成立之初至今，我国的人口结构发生了巨大的变化，深度的快速老龄化使政府的角色及政策导向发生了重大变化。随着养老服务政策的变迁和老龄人群的转换，老年人对养老服务的需求发生了很大变化，我国养老服务模式也发生了相应的变化。这部分主要讲述了包括我国养老服务政策变迁与模式演变，物联网、大数据技术在养老服务及智慧养老中的应用，旨在应对多元化、个性化的养老服务需求。

六、创新点

第一，从流动性损失的视角研究劳动者流动中的养老保险权益维护问题，找到了清晰的分析制度整合问题的思路。

第二，提出了解决养老保险流动性损失问题的方案，即通过制度整合建立统一的国民基础年金制度，使劳动者的养老保险流动性损失最小化。

第三，提出了科学的养老保险关系转移接续办法，即工作地缴费、分段记录与计算、养老地结算、基础养老金调剂、退休地发放。

第二编　基本养老保险流动性损失研究

第一章　研究综述与理论基础

第一节　国内外研究综述

　　劳动者流动是有成本的。换句话说，流动会给劳动者造成某些损失，包括经济损失和非经济损失。在经济损失中，社会保障的损失尤其是养老保险流动性损失是劳动者着重关注的，因为它直接关系到劳动者的养老保险待遇。随着经济全球化的迅速发展，我国乃至全球范围内都呈现出劳动力频繁流动且数量庞大的现象。养老保险流动性损失不但关系到劳动者的切身利益，而且会带来一系列连锁效应：在影响个人选择的同时，还影响人力资源的配置和劳动力市场的运行，甚至影响整个国家的经济发展与社会和谐。鉴于此，国内外学术界对此进行了深入研究。

一、国内外关于劳动力流动的阻碍因素的研究

　　李（Lee，1966）认为出发地因素、目的地因素、中间障碍因素和个人因素四个因素会影响劳动力转移。每个地区都有因素吸引劳动力转移，同时也有因素阻碍劳动力转移。劳动力最终是否转移是各种因素综合作用的结果。首先，劳动者的主观感受、生命周期及其客观条件都会影响出发地和目的地因素；其次，与个人生活相关的各种因素属于中间障碍因素，如迁移的距离、搬家成本或考虑到孩子和家属，这些因素对于某些人来说无足轻重，但对于另一些人来说可能就会成为阻碍迁移的重要原因；最后，诸如劳动者个人的性别、年龄、受教育程度、对外部环境的认识等个人因素都有可能影响劳动力的流动。[①] 多田州一（2006）认为，进城务工的农村劳动者即便与城市劳动者从事内容相同的劳动，但由于城乡户口存在的差异，其仍然会在诸多方面遭受待遇歧视，尤其在就业、受教育、医疗及养老保险方

---

① Everett S. Lee, "A theory of migration" *Demography*, no.3（1966）: 47–57.

面。这种待遇歧视会阻碍进城务工农民的收入增长，不利于经济的可持续发展。[1] 罗伯特·克诺斯（Robert Knox，2010）通过对加拿大国内各省劳动力流动情况的数据研究指出，加拿大国内各省对专业人员和技术工人的资格互不认可。这就导致劳动者为了能够流动就业，必须持有不同省份的专业资格认证，无形中增加了劳动者的交易成本，阻碍了劳动者的自由流动。[2] 诺贝尔经济学奖得主皮萨里德斯（Christopher A. Pissarides，2010）认为，影响劳动力从农业向工业流动的障碍因素主要有三方面：一是住房成本太高。城市的土地价格要比农村高得多，房价一直居高不下。二是养老保险等社会福利不能随着劳动力自由流动。三是缺乏受教育的机会，所受教育不足。Michèle Belot 和 Sjef Ederveen（2012）通过研究 1990—2003 年 22 个 OECD 国家劳动力流动的数据证明，在发达国家，除了传统的收入和失业率等指标外，文化差异过大是阻碍劳动力流动的一个重要因素。[3]

L.R.Ngai、C.A. Pissarides 和 Wang J（2019）提出中国的户口制度为人口流动设置了两个主要障碍。农业工人有土地可以耕种，但无法在无摩擦的市场上进行交易。地方对社会转移的限制也抑制了人口流动。Kaivan Munshi（2020）指出限制移民的摩擦是全球经济效率低下的最大根源之一。OECD《2021 年度移民报告》显示劳务移民和自由流动人口的总体跌幅分别约为 24% 和 17%。同时，临时劳动力流动也出现大幅下降：打工度假人数平均下降了 58%，公司跨国人员调动减少了 53%，季节性工人减少较少，仅为 9%。所有经合组织国家的临时劳务移民都在下降，最显著的是澳大利亚（-37%）、加拿大（-43%）、日本（-66%）、韩国（-57%）和美国（-37%）。最主要缘于疫情期间，各国对劳务移民的政策限制。

蔡昉（2000）认为农村劳动力转移存在四大障碍：首先，劳动者个人劳动能力方面的障碍，包括劳动者的年龄、性别、经济条件、文化素质等；其次，劳动者流动存在着信息障碍，在省内流动可以依靠亲戚朋友等提供就业信息，但是省外的流动就存在信息获取困难的情况；再次，大规模的劳动力流动到城市会对城市居民造成特权方面的冲击，会遭受城市居民的抵制，这

---

[1] 多田州一：《中国における农村劳动力移动に关する研究：先行研究の整理と政策展开》，《北海学园大学经济论集》2006 年第 54 卷第 1 期，第 71—85 页。

[2] Robert Knox, *Who can work where : reducing barriers to labour mobility in Canada*（Toronto：C.D. Howe Institute，2010）.

[3] Michèle Belot, Sjef Ederveen. "Cultural barriers in migration between OECD countries" *Journal of Population Economics*，no.3（2012）：1077–1105.

也构成了流动障碍；最后，劳动者面临制度障碍，如户籍制度和排他性就业制度。陈淮（2002）认为，当前我国城市劳动力流动的最主要障碍是社会保障体系不够完善。只有解决了制度层面的问题，才能加速劳动力流动，从而解决劳动力跨所有制、跨地区流动不足导致的劳动力市场供求失衡问题。[①]刘传江、程建林（2009）认为，农民流动到城市就业，在融入城市的过程中，面临显性和隐性"双重户籍墙"的阻碍。显性户籍墙就是户籍制度，隐性户籍墙则是与户籍相关的一系列制度，包括就业制度、教育制度、社会保障制度、住房制度及其他制度。随着我国户籍制度的改革，显性户籍墙对农民的阻碍作用逐渐减弱，隐性户籍墙成为农民流动就业和融入城市的真正障碍。[②]张华峰（2010）通过对北京、无锡和珠海三地的调查得出：户籍制度的歧视减少了可供流动人口选择的工作数量，增加了流动人口找工作和失业将面临的成本。尽管流动劳动者做的都是当地居民不愿意干的工作，但制度性的歧视仍然会阻碍流动劳动者更换工作。回归分析表明，临时流动人口与当地居民和永久移民相比，在岗工作的时间更长，失业期持续的时间更短。此外，临时流动人口通常会在当地工作一段时间，在积累足够的资产能应对失业后，才会考虑再次更换工作。陆铭等（2013）认为，城乡分割的政策阻碍了劳动力城乡流动，并且使城市化进程处于低水平均衡，必须从土地、户籍、社会保障和公共服务等制度入手，解决劳动力市场的城乡分割问题。

路锦非、王桂新（2019）对西方养老金制度发展中养老金权益流动研究进行了历史性回溯分析，勾勒出西方养老金权益流动性研究是基于社会发展的制度开展的，归纳出中国养老金权益流动研究是基于社会问题的渐进式开展的，并在流程与权益的思辨讨论基础上，对中国改善养老金权益流动的政策实践进行梳理与总结，进而指出中国提高养老金权益流动性的改革方向。

殷宝明（2020）实证模拟了现行社会养老保险关系转续政策的资金转移困境。资金不转移政策降低了参保者个人的基础养老金潜在受益，而资金转移政策存在死亡风险贴现的技术难题和导致各地苦乐不均的现实困境。破解困境和实现社会养老保险关系有效转续的根本之策是实现全国统筹。

从上述研究可以发现，国内外学者对劳动力流动的障碍因素的研究显示

---

① 陈淮:《正视农村剩余劳动力转移的挑战》,《经济学动态》2002年第11期，第34—37页。

② 刘传江、程建林:《双重"户籍墙"对农民工市民化的影响》,《经济学家》2009年第10期，第66—72页。

出制度因素普遍阻碍着劳动力流动。国外阻碍劳动力流动的主要是文化、户口、从业资格以及其他难以携带的福利；国内阻碍劳动力流动的因素也是户籍制度以及由此延伸出的包括教育、住房和社保等其他制度因素，这些因素从根本上看仍源于政府制定的政策、制度因素。

二、国内外关于劳动力流动成本的研究

舒尔茨（Schultz，1961）从成本和收益两个角度分析了劳动力流动的原因，他在《人力资本投资》中将劳动力流动看作人力资本的一种投资，这些投资包括教育、健康以及为了找个更好的工作而在国内迁移。只有当收益大于成本时，劳动者才会选择流动。他认为，劳动力在职业选择时会面临许多障碍，如种族歧视、宗教歧视，甚至专业协会和政府机构也会对劳动者进入新的职业领域构成障碍。蓬切特（Poncet，2006）通过对我国 1985—1995年 29 个省的分时段数据进行调查后分析指出：中国劳动力的城乡转移成本处于较高水平，并受到距离的影响，随着转出地与转入地之间距离的增加，转移成本会显著升高。他认为若不降低转移成本，劳动力流动将会受限。皮萨里德斯（Pissarides，2012）在《均衡失业理论》中认为，劳动力市场上的交易行为存在着异质性、信息不对称和摩擦力，这就意味着劳动者流动要耗费资源，进而形成劳动力流动的成本。

赵树凯（1995）认为农村劳动力迁移过程中的成本主要有交通方面的费用，迁移过程中向有关部门支付的管理费用，基本生活费用，独立生产经营者的税费开支，失业、就业过程中的权益损失及意外伤害，等等。龚莉（2006）根据成本－收益理论将个体劳动者流动过程中的成本划分为货币成本和非货币成本。货币成本主要由两部分构成：一部分是流动费用，即流动过程中需要支付的各种费用，如搬家费、交通费、住宅费、信息费和政策性收费；另一部分主要是因流动期间的短暂失业而减少的收入。非货币性成本主要包括时间成本和心理成本两部分。时间成本是指流动和寻找新工作所需要花费的时间；心理成本是由于流动而放弃原有资产，如放弃客户、离开朋友亲人、离开熟悉的环境等所形成的心理方面的损失。秦秋红（2006）将劳动力转移的成本分为显性成本和隐性成本：显性成本是指迁移成本，包括交通费、路途食宿费、就业信息费和培训费等；隐性成本是指因劳动者的流动带来的其家庭的人力资本成本。张雄伟（2011）分析了青海农村劳动力转移的成本和收益问题，将青海农村劳动力转移的成本分为直接成本和风险成本：直接成本包括迁移、就业、教育和生活成本；风险成本主要是因流动而

带来的各类风险，包括失业风险、伤病风险、权益风险、子女教育风险和父母赡养风险。郝枫、郭荷（2019）认为代际行业传承限制劳动力市场自由竞争，是就业机会不均等问题的重要推手。在此局面下，异地求职的流动群体处于明显劣势，即使拥有较高知识与技能的专业人才想进入理想行业也会遭遇额外障碍。黄文彬、王曦（2020）认为如果一线城市的劳动力规模偏小，并且一线城市的户籍改革力度又小于其他各线城市，将会阻碍劳动力往更高生产率的大城市流动，降低我国城市间劳动力配置效率改善的速度。黄娴静、王雪霏（2022）认为经济政策的不确定性升高，会抑制劳动力流动。

国内外学者对劳动力流动的成本方面的研究结论显示，劳动者流动普遍要承担经济成本和心理成本两个方面，其中经济成本包括可能要损失养老金的风险。实际上，劳动者流动中承担的成本与流动的阻碍因素密切相关，正是由于制度性阻碍因素的存在，才使劳动者在流动中要承担某种损失，而这些损失就构成了劳动者流动的成本。社会保障权益，尤其是养老保险权益的损失就是一个典型的例子。

三、国外关于养老保险流动性损失的研究

早在 20 世纪 60 年代，国外学者就已经对养老金与劳动力流动之间的关系进行了深入研究，并指出养老保险是否具有便携性会直接影响劳动者的决策。不具便携性的养老保险将使劳动力呈现出刚性，使劳动力难以自由流动，从而阻碍劳动力资源的优化配置。罗斯（Ross，1958）将养老保险比作新的工业圈地运动，认为养老保险在不断扩大其覆盖面的同时，使劳动者失去了获得新工作的机会。1964 年的美国劳工部的公报显示，与未参保的劳动者相比，被纳入养老保险制度内的劳动者离职率更低。这也表明养老保险在一定程度上限制了劳动者的流动。

Choate 和 Linger（1986）认为美国 1980 年出现的经济下滑现象很大程度上应归因于劳动力流动不畅，而养老保险可携性障碍正是劳动力难以顺畅流动的主要原因。Clark 和 McDermed（1993）赞同 Ross 的观点，他们通过构建评估模型测算了养老保险可携性与劳动力流动性之间的关系，即养老保险可携性损失越大，劳动力流动性越小；养老保险可携性损失越小，劳动力流动性越大；两者是负相关的关系。Vincenzo（2001）研究指出中年人是受"可携性损失"影响最大的群体。An Chen 和 Filip Uzelac（2015）从代表性受益人的角度比较了两种不同类型的私人退休计划：固定收益（DB）计划和固定缴费（DC）计划。并提出由于 DB 计划具有可携带性风险，因此降

低了该计划的吸引力。

国外对养老保险流动性损失问题的解决有比较成功的经验。美国的养老保险由联邦政府统一管理，美国公民从出生起就拥有了社会保障号，并且一人一号终身不变。社会保障查询系统全国联网，这为基本养老保险关系的顺畅转移提供了技术上的支撑。当持有社会保障号的美国劳动者个人从国内的一个地区流动到另一个地区就业时，只要按规定缴纳社会保障税，就能顺畅转接社会保障关系。欧盟解决劳动力跨国流动中养老保险权益保障问题的成功经验被许多国家和地区所借鉴，其在解决养老保险关系携带问题上也颇有建树。虽然拥有众多经济发展水平和养老保险制度差异巨大的成员国，但欧盟将《欧共体 140/71 号条例》和《欧共体 574/72 号条例》作为统一的法令支撑，在制度层面上为劳动力在成员国之间流动就业时携带养老保险关系提供了途径。此外，欧盟专门设计的涵盖 25 种语言的 E 表格技术也为劳动者跨境转接养老保险关系提供了便利。

由于国外许多国家都实行全国统一的基本养老保险制度，所以不存在跨不同制度和统筹区域而引起的流动性损失问题，但国外规避养老保险权益损失的成功经验可以为我国所借鉴。

四、国内关于养老保险流动性损失的研究

我国的养老保险制度是统账结合模式，加之国内养老保险碎片化和统筹层次低的现实国情，使得在劳动力流动时，统筹基金部分的转移接续问题成为国内学者的研究热点。近些年也有一些学者从养老保险可携性的角度研究养老保险权益损失问题，但他们更多的是从管理学的角度研究养老保险关系转移接续问题及其对策。

（一）关于养老保险的可携性及其内涵的研究

杨燕绥（2005）认为，社会保险政策和相关法律都必须充分反映社会保险关系的连续性特征，社会保险管理与服务都应当遵从连续性这一必然特征。社会保险关系的连续性主要通过其账户的长期性、准确性和安全性来体现。方便是社会保险经办机构应当具备的基本能力，携带方便则是参保人对社会保险的基本要求。"携带"是指参保人的养老保险权益记录随其流动就业而转移，应当做到权益记录全面、详细和准确；"方便"则主要体现在携带的便捷性。谭中和（2011）认为，养老保险关系转移制度首先要体现出对养老权益的保护，使参保人不因跨制度流动就业而失去未来获得养老待遇

的资格。其次，在城乡养老保险关系转移中要体现公平性，既不损害跨域流动就业者本人的养老保险权益，又不损害转出地和转入地及相关人员的权益。最后，经办手续简便快捷也是养老保险关系转移接续应当具备的特征。刘传江、程建林（2009）将养老保险的"便携性"界定为参保职工在变换工作单位或转入不同的养老保险项目时，原工作地的养老保险能够得以记录，并用以维护其养老保险权益的属性。"便携性"的优劣取决于养老保险权益在不同养老保险制度间转移的便利程度及其交易费用的高低。席恒、翟绍果（2013）认为养老保险可携性是指转换工作地时可以随工作地转换而保留养老保险关系及所积累的养老保险受益值，以避免由于参保人在不同的养老保险项目之间或统筹区域之间流动就业而带来的养老保险权益损失。养老保险可携性问题是由于劳动者的异地就业或跨地域就业而形成的。陈琇惠（2016）探讨了国际有关移动劳动者社会保障的内涵及实施经验，接着分析两岸养老保险给付的共同性与差异性；然后，就两岸养老保险便携式的可行性进行深入探讨；最后，针对如何建立可携性的思路提出一些建议方向。

（二）养老保险流动性损失的负面影响研究

邓大松（2005）、杨燕绥（2007）认为，我国社会保险制度设计不尽合理，管理水平较低，导致社保关系接续困难，不但阻碍了劳动者的顺畅流动，还不利于社会经济的协调发展。完善制度设计，促进社会保险关系的方便携带和顺畅接续是我国社会保障事业发展中必须尽快解决的问题。杨宜勇、褚福灵（2007）指出，现有的养老保险制度模式下各统筹区域的缴费年限难以叠加，造成社会保障制度体系城乡分化，不但难以实现养老保险的互济功能，而且阻碍了劳动力流动就业，导致城乡整体社会保障效应被弱化。赵建国、杨燕绥（2007）指出，现行的社会保障制度将大量灵活就业人员排除在外，危害社会安定与和谐，不利于灵活就业的发展。谭永生（2008）认为，社会保险关系难以转移接续直接损害参保人的利益，制约参保人的合理流动，从而影响我国劳动力的资源配置，阻碍了城乡一体化的劳动力市场的形成。郑功成（2008）指出，基本养老保险制度统筹层次低已经并仍在造成日益严重的后果，其表现为各统筹区域的养老保险费率负担畸重畸轻，劳动力无法自由流动，全国统一的劳动力市场难以形成，并且直接造成农民工大规模退保和流动人口养老保险权益丧失。马彦（2009）认为，养老保险关系转续难导致养老保险基金收支缺口扩大，为养老保险发展埋下隐患；在转移接续过程中，由于管理漏洞的存在，可能出现欺诈或者引起异议及纠纷。黄胜光（2009）认为，尽快解决基本养老保险关系转移问题是保障劳动者权益、保持地区间和劳动者之间公平性、维护养老保险制度的规范性和严肃性及促进劳动力自由流动的必由之路。杨光、韩桂林（2017）等指出，流动工作人员在跨制度、跨地区转接基本养老保险关系时，参保人起码要来回两次才办妥，造成了严重的浪费。

（三）对养老保险流动性损失的成因研究

夏波光（2005）从两个方面探寻养老保险关系转移难的原因：其一，财政分灶吃饭致使地方政府必须承担养老保险的兜底责任，而各地经济发展水平存在很大差异，加之统筹账户的基金不能自由流动，各地为了维护自身利益，人为设置了许多门槛阻碍基本养老保险关系转入，由此引起了养老保险关系转移难问题。其二，经济发达地区的养老保险金高于欠发达地区，如果劳动者都奔赴流动到经济发达地区就业并领取养老金，那么就会给经济发达地区造成很重的经济负担。为了避免这种情况发生，部分地区就会设置障碍以限制养老保险关系的转入。石美遐、韩思文（2006）等认为，统筹区域管理系统不一致，业务信息网络没有联网，导致业务办理耗费大量人力、财力和物力，这是造成养老保险关系转移难的主要原因。杨宜勇、谭永生（2008）认为，我国城乡二元经济结构下沿海与内陆、东部与西部、城镇与农村的经济发展水平的巨大差异及养老保险统筹层次较低是造成我国养老保险关系跨域转移接续不畅的根本原因。此外，财政分权导致中央与地方之间产生财政利益博弈，各地方政府都想推卸风险与责任。各统筹区域的社会保险信息没有联网，无法统一连接和统一查询，这也导致养老保险关系转移耗时耗力，缺乏便捷性。褚福灵（2008）从政策层面指出基本养老保险关系转移困难的原因主要是现行的制度存在问题。由于目前的养老保险基金兜底责任由地方政府承担，但养老保险关系转移只转个人账户基金，不转统筹基金，转入地可能承担养老金的支付，自然不认可劳动者在其他地区的缴费年限。薛惠元（2008）认为，我国现有 2 000 多个养老保险统筹单位，统筹层次较低，政策无法统一，农民工跨统筹区域流动自然会遭遇养老保险关系转移不畅。赵曼、刘鑫宏（2009）认为，劳动者的投机养老行为催生了各统筹区域设置壁垒限制养老保险关系转移。由于养老保险水平及统筹层次的地区间不平衡，各地养老保险待遇也存在差异，劳动者会向待遇好的地区流动以获得更多的养老金，这种投机行为倒逼地方政府设置重重关卡限制人口流转。刘昌平、殷宝明（2012）认为，我国基本养老保险关系转移接续难问题的本质在于劳动者个人、企业及政府三者之间的目标函数不一致。劳动者个人期望通过参保实现个人利益最大化，企业希望通过养老保险计划降低职工流动率，而政府的主要目标是通过养老保险制度保障劳动者的退休生活和优化劳动力市场资源配置。三者目标函数冲突，很难寻求最优解。郑秉文（2012）认为，养老保险的可携带性、公平性和可持续性问题，以及任何其他所有派生出来的困难，皆来自统筹层次太低。要打破这个困境，必须提高统筹层次。夏波光（2013）指出，从养老保险关系转移政策颁布三年以来的实践看，转移接续之路仍不理想。受到信息系统不健全、政策局限性以及跨区域协调机制不完善等因素的影响，仍有相当一部分参保人难以获得政策规定的权益，从而导致养老保险权益受损。陈正光（2017）指出，我国现行统筹层次规定养老保险的参保人从业区域一旦发生变动，就必须要终止之前所在地的社保关系，并且在新就业地进行重新参保之后，才能进行转移，将前后的缴费信息进行合并累加。陈凯堂（2017）则指出，城镇职工和城乡居保的统筹层级存在差异，各统筹区域之间养老保险的缴费额度、养老金计发标准等也会存在一定差别。房连泉（2019）指出，自改革开放以来，社会保险制度的设计中就开始存在了不少的影响社会公正性的约束和影响因素，其重点主要体现在社会基本养老保险转移接续期间，在经办运营的过程中由于面临了多种因素影响，使得流动人权益遭受了很大的损失，给社会基本养老保险转移接续的进一步稳定有序发展带来了很大的约束。

（四）养老保险流动性损失问题的对策研究

学界普遍认为，通过养老保险的全国统筹能够解决劳动力流动中的养老保险可携性损失问题，但是在具体操作层面，又有分步走逐步实现全国统筹和一步到位实现全国统筹两种观点。以郑功成为代表的学者认为，应当尽快实现养老保险的全国统筹，这一动作越慢，难度和阻力就越大。刘传江、程建林（2008）认为，降低农民工养老保险便携性损失，保障农民工养老保险权益的关键在于适当降低最低缴费年限，促进原养老保险关系与不同统筹区域的缴费年限相衔接。王利军（2009）认为，养老保险关系转续难是因为转出地与转入地之间由于责任与权益不对等形成了利益冲突。要使养老保险关系顺畅转移，关键在于能否平衡两地之间的利益，从而达成两地共赢。郑功成（2013）认为，地区统筹分割对职工基本养老保险制度的公平性、互济性、流动性与可持续性造成了很大危害，优化养老保险制度的关键还是要尽快实现养老保险全国统筹。陈仰东（2013）认为，实现社会保险关系顺畅转移的关键在于提高社会保险政策的统一性，并实现标准化管理。

也有一些学者认为全国统筹并不是一蹴而就的，还面临许多问题，可以渐进式地实现全国统筹。崔仕臣、杨华（2011）通过分析社会养老保险便携性运行机制的缺陷，寻求解决便携性损失问题的方法。他们认为，全国统一的养老保险制度能够解决便携性问题，但是难度很大，短期还是应该通过建立不同养老保险政策间衔接办法来实现养老保险关系的衔接和转换。杨燕绥（2013）认为，根治养老保险转移携带难的最优选择是实施全国统一的基础养老金计划，次优选择是借鉴欧盟经验，也就是在现有制度不变的情况下建立全国联网的养老保险信息系统。褚福灵（2013）认为，全国统筹能够实现劳动力跨地区、跨行业流动是养老保险关系便捷转接的目标。养老保险全国统筹要制度先行，先实现制度层面统筹，在此基础上实现养老基金的全国统筹。席恒、翟绍果（2013）认为，养老保险可携性事关劳动者社会保障权益的维护，影响着劳动力的合理流动，可以通过全国统筹解决跨地域可携问题，通过整合碎片化的制度解决养老保险跨制度的可携性问题。可以从职工养老保险的转移接续开始，进而扩大到全体城镇劳动者，再统筹城乡与新农保进行制度衔接，为养老保险关系的衔接转续铺平道路。韦樟清（2016）指出，在达到全省统筹的总体目标时，应当自动地将其转变为主管全国统筹基金的地方组织机关，而不必再重新裁量地方组织的人员，归并中央组织。常仁珂（2017）建议在中央政府对各地方实行财政补贴时，切忌对每个地方实行统一的财政补贴，应从各地方的实际发展情况考虑。

还有一些学者认为可以借鉴欧盟的经验解决这一问题。董克用、王丹（2008）认为，借鉴欧盟"协调"的机制能够缓和制度整合带来的社会震荡，通过"累计计算""分别支付""最后接管"的方法保护劳动者的养老保险权益，保证养老保险的连续性。杨宜勇等（2009）通过对欧盟以及美国等国养老保险制度的研究认为，欧盟以"分段计算"的方法实现工作地缴费、分段计算、退休地发放的模式适合中国的国情。黄崇超（2012）认为，欧盟的协调原则和操作原则都能够为我国所借鉴，我国应当注重统筹区域间的关系协调，注意保障劳动者的权益，同时应当加快养老保险的信息化建设。郭喜、白维军（2013）认为，欧盟渐进的养老保险一体化方式、协调推进的战略选择为我国养老保险的省级统筹和未来的全国统筹提供了一种全新的思路，我国可以借鉴欧盟开放性协调的经验，实行"完善省级统筹，促进全国调剂"的养老保险制度模式。

覃曼卿（2021）指出由于粤港澳三地政治、经济、文化差异，养老保险制度的衔接不畅，目前无法实现养老保险权益的跨境可携。

五、对已有研究的评述

养老保险流动性损失问题不但涉及养老保险的公平和公共服务均等化问题，而且关乎千家万户的利益，是影响经济社会稳定与发展的重大问题，因此近年来这一问题一直是学术界关注的热点。尤其是自 2008 年以来，学术界对养老保险关系转移问题的研究更加深入，学者对养老保险流动性损失问题的成因、影响一一进行了剖析，并提出了解决养老保险流动性损失问题的对策。特别是学术界已经认识到劳动力流动会带来社会保险损失，尤其是养老金的损失，这也是劳动力流动的成本之一。同时指出，造成养老保险流动性损失的因素包括地方利益博弈、制度本身的缺陷、统筹层次低和全国信息没有联网等问题，这些都为进一步研究并解决养老保险流动性损失问题提供了丰富的理论资源，也奠定了坚实的研究基础。然而，总体看来，已有的研究基本上都是从社会保障学和管理学的角度研究养老保险关系转移问题，以经济学为视角对养老保险关系转移问题进行的研究较少，从经济学的视角对养老保险流动性损失问题根源的探索也不多，用交易费用理论对养老保险流动性损失问题开展的研究基本没有。综合考察国内外养老保险流动性损失问题的研究现状，不难发现其主要存在以下问题：

一是对养老保险关系可携性问题的重视程度不够。虽然许多学者都对养老保险关系转移问题进行了大量的深入研究，但是在研究中明确地提出"可携性"这个词，将可携性问题与养老保险关系一起研究的学者并不多，能够由可携性差联系到流动性损失的研究更为鲜见。然而，劳动力流动中的养老保险权益损失问题才是养老保险关系转移要解决的核心问题，只有解决了流动性损失问题才能够从根本上维护劳动者的养老保险权益。养老保险流动性损失存在与否及损失的大小直接影响劳动力是否流动，因此在研究养老保险关系转移问题上，应当更加有针对性地研究劳动力流动中的养老保险流动性损失问题。

二是缺乏从更深层次上分析养老保险流动性损失的成因。学界对养老保险关系转移阻碍因素的研究集中体现在地方政府利益分割、制度本身存在缺陷、统筹层次低和操作技术层面，每一个因素又牵涉到许多因素，可以说，阻碍养老保险关系转移的因素是庞杂的。

三是缺乏从经济学尤其是交易费用经济学的视角研究养老保险流动性损失问题。当前，对于养老保险关系转移的研究大多是从社会保障学的视角开展的，在分析问题时，往往站在政府政策制定者的角度，提出相关的对策建议。但是，养老保险流动性损失问题直接关系的是劳动者个人的养老保险权益，涉及劳动者未来的养老金待遇，这实际上是一个远期收益问题。养老保险流动性差，劳动者个人权益就会受损。劳动者的权益损失究竟是如何形成的，如何维护劳动者的养老保险权益，以降低劳动者的权益损失是解决这一问题的关键。无疑，将其置于经济学视角下研究将更加有利于看清问题的实质，但以经济学尤其是交易费用的视角开展研究的文献目前几乎是没有的。

第二节　理论基础

劳动力流动是市场经济配置资源的必然现象。养老保险关系转移接续难阻碍了劳动力流动，从表面上看似乎是转移接续的技术问题，但实际上是由于养老保险制度本身存在着某些缺陷与不足，导致劳动者流动时交易费用过高，从而阻碍了劳动力的流动。因此，要彻底解决养老保险关系转移接续的问题，必须从制度本身着手，通过对制度的优化，从根源上降低劳动者的交易费用。从制度及其交易费用的角度考察养老保险制度的优劣是一个比较新的视角，理论界目前较少涉及这部分内容。因此，回顾劳动力流动及其相关理论、交易费用及制度经济学的相关理论、社会保险思想的起源及相关理论，有助于把握制度性交易费用的本质，并从养老保险制度的本质及其目标出发，为我国现行养老保险制度改革奠定理论基础。

一、劳动力流动的相关概念及理论

（一）劳动力及劳动力流动的概念

马克思将劳动力界定为在活的人体中存在的生产某种使用价值时便得到运用的体力和智力的总和。[1]换句话说，劳动力就是个体的体力劳动与脑力劳动之和，是人的一种能力。劳动力具有以下几个特殊的属性：第一，劳动力是存在于活着的人体内的一种能力，因此具有与劳动者本人不可分离的特点，也就是说，劳动力不能离开人体而独立存在。人体的生命和健康都是劳

---

[1] 中共中央马克思恩格斯列宁斯大林著作编译局编译：《马克思恩格斯全集》（第二卷），人民出版社 1976 年版，第 32 页。

动力存在的基础，一旦人失去了生命，劳动力也就不复存在，因为死亡的人是没有任何能力的。第二，由于劳动力与劳动者不可分离的特性，劳动者只会出售一定时间内的劳动力，而不会出售其全部的劳动力。如果劳动者将自己全部的劳动力都出卖了，那么就相当于把自己卖给了别人，他就失去了自由，成了奴隶，不再是劳动者了。第三，劳动力作为一种特殊的生产要素，与劳动者个人的生理和心理状况密切相关，工作的环境、内容、时间及雇主的风格、劳动的风险等都会影响劳动者的生理和心理状况。基于劳动力的这些特点，学术界对劳动力的定义一般有三种：第一种是指劳动力本身，这与马克思对劳动力的定义一致，主要指人类个体的劳动能力，包括体力和智力的总和；第二种是指具有劳动能力的劳动者个人；第三种是指一个国家或地区范围内，达到法定劳动年龄并且具有劳动能力的人口总量，象征着劳动力资源的多寡。本书讨论的重点是劳动者流动就业时的流动性损失问题，是相对于劳动者个人而言的。因此，本书使用的是劳动力的第二种定义，即劳动力是指具有劳动能力的劳动者。

劳动力流动是劳动力寻找工作的过程，是劳动力市场上一种很常见的现象。劳动力流动是指有一定劳动能力的劳动者个人在区域之间、行业之间、职业之间、企业之间、企业内部进行的工作岗位的变换行为。劳动力流动有时候也叫劳动力迁移。本书所说的劳动力流动或劳动力迁移的概念是一致的，可以相互替代。仅从地理范围上看，劳动力流动与人口流动类似，但实际上存在区别。劳动力流动和人口流动都是人的迁移行为，但人口流动的概念大于劳动力流动。这是因为并非所有的人都是劳动力，如儿童和已经退休的老人。儿童的流动可能是跟随父母迁移居住，也有可能是为了教育的需要，而已经退休的老人流动可能是为了更好的居住条件，或者是因为要帮助照顾孙辈。

（二）劳动力流动的形式

根据劳动力流动的定义，劳动力流动主要可以划分为区域间流动、行业间流动、职业间流动、企业间流动和岗位间流动五种形式。区域间流动是指劳动者在不同的地理范围内流动，如城乡流动、省际流动、跨国流动等；行业间流动是指劳动力在不同的行业流动，如从医疗行业流动到通信行业；职业间流动是指劳动力在不同的职业之间的流动，如从教师流动到建筑工人；企业间流动是指劳动力在不同的企业之间的流动，如从中兴通信流动到华为；岗位间流动是指劳动力在企业内部的流动，如从销售岗流动到内勤岗。

除此之外，劳动力流动还有两种特殊形式：一种是劳动力在失业和就业之间的流动。受到经济周期的影响，劳动力可能会间歇性失业，劳动力从就业到失业或者从失业到就业也属于劳动力流动。另一种是劳动力存在自愿流动和非自愿流动。流动的原因可能是雇主的原因，也有可能是劳动者个人的原因。在实际的经济生活中，劳动力流动的情况要复杂得多，通常是几种流动形式交织在一起。

（三）劳动力流动的原因

资本总是逐利的。劳动力是一种特殊的资本。劳动力流动是人力资本的投资，因此劳动力流动也是为了追逐利益。早在 17 世纪，经济学家威廉配第就发现从事工业比从事农业的收入多，从事商业比从事工业的收入多。随着经济的发展，劳动力会从农业向工业流动，再从农业和工业向商业流动。到了 1940 年，英国经济学家科林·克拉克进一步验证了威廉配第的结论，并提出由于农业的边际报酬是递减的，因此劳动力会从农业向工业转移；服务业的劳动力吸纳能力高于工业，因此劳动力又会从工业向服务业转移。威廉配第和克拉克并没有直接提出劳动力流动与成本和收益的概念，但是由此可以得出劳动力流动的原因主要是劳动者个人为了追求更多的劳动收入，换句话说，劳动力流动的主要目的是获得更多的收益。

（四）劳动力流动理论

英国经济学家刘易斯（Lewis）于 1954 年首次提出二元经济结构理论。他在《劳动无限供给条件下的经济发展》一文中提出了"两个部门结构发展模型"的概念，认为发展中国家的经济都是由传统的自给自足的农业部门和现代化的城市工业部门组成，称为二元经济结构。他的模型有三个假设：一是劳动力的无限供给。在刘易斯看来，在那些相对于资本和自然资源来说人口如此众多的国家里，劳动的边际生产率很小或等于零，甚至为负数的部门，劳动力的无限供给是存在的。比如，农业部门中存在着隐蔽性失业，有许多临时性职业的存在，劳动力无限供给的其他来源是妇女、人口的自然增长和效率提高所引起的失业者。二是整个经济可以划分为资本主义部门与非资本主义部门。刘易斯根据利润的情况把整个经济分为两个部门：资本主义部门和非资本主义部门。资本主义部门是经济中使用可再生产的资本，并由于这种使用而向资本家支付报酬的那一部分。非资本主义部门即维持生计部门或称生存部门，是不使用可再生产资本的那一部分。这个部门的人均产量比资本主义部门低，因为它的产品不是用资本生产出来的。这个部门的很大一部分是自我雇佣的，如传统农业的小家庭耕作等。三是工业部门的工资水平略高于生存部门的工资水平。扩大的资本主义部门所必须支付的工资取决于人们在这一部门以外所能赚得的收入。古典经济学家通常认为工资取决维持基本生活消费的需要，在以自耕农为主体的小农经济中，工资水平是由农民的平均产量决定的。如果工资低于人们留在土地上能达到的消费水平，他们就不会离开家庭农场去找工作。因此，在二元经济结构下，资本主义部门的工资取决于生存部门的收入。但生存部门的收入只是决定资本主义部门工资水平的下限，工资必须高于这一水平。按刘易斯的说法，通常资本主义工资与生存收入之间的差额为30%或50%。之所以有这个差额，是因为资本主义部门生活费用比较高，劳动力从熟悉的生存部门转移到资本主义部门这一陌生环境是有心理费用的。此外，资本主义部门中工会的力量也是一个原因。工业部门的扩张及劳动力的转移过程分为两个阶段：第一阶段是劳动力无限供给，资本相对稀缺，工业工资不变，生产生育全部归资本家所有；到了第二阶段，资本和劳动力供不应求，导致工业工资上涨，生产力扩大带来的利益在工人和资本家之间分配。按照刘易斯二元经济结构理论，经济发展就是传统农业部门不断萎缩，现代工业部门不断扩张的过程。由于农村存在着大量的剩余劳动力，而农业部门和工业部门的工资存在显著的差异，所以工业部门的高工资吸引着农村剩余劳动力离开土地，不断涌向城市。在这一过程中，农业部门会逐渐萎缩，工业部门则发展壮大，并不断地吸收农村的剩余劳动力，直至吸收完毕为止，工业部门是经济发展的主要力量。刘易斯模型解释了发展中国家二元经济结构转换过程中剩余劳动力流动的原因。

1961年美国经济学家费景汉和拉尼斯合作发表了《经济发展的一种理论》一文，对刘易斯的理论做了修正和扩展，并在二人于1964年合作出版的专著《劳动力生育经济的发展》中进一步系统阐述了他们的观点。这本书将农业部门纳入了分析框架，这也是对刘易斯模型的最大改进。费景汉和拉尼斯提出农业部门的劳动生产率提高并出现剩余产品是劳动力从农业向工业流动的前提。如果农业部门的生产率不提高，那么工业中新吸收的由农业转移而来的劳动力就可能没有粮食及其他农产品的供给，而工业也会因为没有农业提供的原材料而停滞不前。他们将劳动力流动分为三个阶段：第一阶段，农业部门劳动力的边际生产率为零，农村剩余劳动力会由农业部门向工业部门流动，这部分流动劳动力处于显性失业状态。第二阶段，当处于显性失业状态的劳动力被吸收完，边际生产率低于农业平均水平的农业劳动力开始向工业部门流动，这部分流动劳动力处于隐性失业的状态。这一状态下，随着农业部门劳动力的减少，农产品的产量会降低，价格会升高，农业部门的工资会提高。第三阶段，当处于隐性失业的劳动力被吸收完，农业部门也已经实现了资本化，工业部门只有再提高工资才能与农业部门竞争劳动力。

在刘易斯模型中，平均农业剩余等于制度性工资，因而在剩余劳动力全部转移到工业部门之前，不会发生食物短缺现象，工业部门的工资水平可以保持不变。费景汉 - 拉尼斯模型中也存在这一阶段，但从第二阶段开始，由于农业劳动的边际生产率大于零，当这部分劳动力转出农业部门时，农业总产量就会下降。在农业部门消费水平保持不变或出现提高的情况下，工业部门所获得的平均农业剩余低于制度工资水平，就会出现食物短缺，农产品价格上升，从而推动工业部门的工资上涨。

20 世纪 60—70 年代，许多发展中国家遭遇了严重的城市失业问题。大批劳动力在城市中找不到工作，同时有大批农民想要离开农村进入城市寻求发展。这些问题是刘易斯及费景汉 - 拉尼斯二元经济理论无法解释的。1969 年，美国经济学家托达罗（Todro）在《美国经济评论》上发表了《欠发达国家的劳动力迁移模式和城市失业问题》一文，又在 1970 年发表了《人口流动、失业和发展：两部门分析》。这两篇文章奠定了托达罗模型的基础，补充了前人研究的不足。托达罗认为促进人口流动的基本经济力量主要是经济因素，也就是理性经济人对成本和收益的比较。在一段时期内，转移者在城市现代部门找到工作的概率与现代部门创造的就业机会成正比，而与城市失业人数成反比。同时，城市就业率与新就业岗位创造率成正比，与城市失业率成反比。一个劳动者在城市里的时间越长，他能获得工作的机会就越大，他的预期收入也就越高。因此，从长期看，城市预期收入还是比农村预期收入高。只要存在收入相对较高的工作岗位和工作机会，就会对收入较低、就业不足的劳动力产生持续的吸引效应。[1] 他的理论基础是，发展中国家存在着普遍的失业，而农村的边际生产率为正，在此情况下，农村劳动力依然不断向城市转移。当预计到城市工作将会获得高于在农村劳动的收入时，劳动者才会流动，否则不会流动，而是继续留在农村。预期的城乡收入差距越大，劳动力从农村向城市流动的数量就越多，可以说劳动力的流动是一种趋利的行为。劳动力通过流动获取的收益可以分为货币收益和非货币收

---

① 迈克尔·P. 托达罗：《经济发展（第六版）》，中国经济出版社 1999 年版，第 281 页。

益：货币收益主要是指更高的工资收入；非货币收入包括更好的工作条件、更好的生活环境或更好的发展前景。总之，劳动力流动的原因与个人的收益相关。当然，托达罗模型也存在着一些缺陷，其中之一就是只考虑了劳动者的迁移成本，而忽略了他们在城市里的生活成本。

劳动力在流动中都会付出相应的成本，相对于流动收益而言，劳动力流动的成本较为复杂。总体来看，劳动力流动的成本包括经济成本与非经济成本。经济成本还可以分为直接经济成本和间接经济成本：直接经济成本主要是指劳动力因为流动行为而支付的交通费、搬家费、住宿费等；间接经济成本是指劳动力因为流动而承担的经济损失，包括处理家具、住房的损失，养老保险和医疗保险等社会保障和社会福利方面的损失。劳动力流动的直接经济成本是每个劳动者流动过程中都要支付的，差距并不大。但是，劳动力流动的间接经济成本可能会有较大的差别，尤其是由于受到制度因素的制约。劳动者享有的社会保障和社会福利在不同地域和职业范围内可能存在较大的差别，一旦劳动力流动，就可能造成一定的损失。劳动力流动的非经济成本主要是指因为流动引起的心理成本及人际关系成本。离开熟悉的工作环境或居住地，劳动者需要有一个适应和融入新环境的过程，以往建立的人际关系网络可能因为流动而与自己疏离，这些都可以视为劳动力流动的非经济成本。但是，由于个体差异，非经济成本也会有一些差别，如一个性格外向的人的心理成本和人际关系成本就低，一个性格内向的人则需要更长的时间融入新环境，其流动的非经济成本也更高一些。劳动力流动的收益会受到劳动力流动成本的影响。劳动力在做出流动与否的决策时会进行成本与收益的权衡，预期的收益大于成本，劳动力才会流动，若成本太高，劳动力则可能选择少流动，甚至不流动。

（五）劳动力流动的作用

劳动力流动不但使个体劳动者取得了更高的收益，还起到促进劳动力资源的优化配置、增强劳动力市场活力和推动经济增长的作用。

第一，劳动力流动促进劳动力资源的优化配置。劳动力是一种特殊的商品，是商品价值的源泉。既然将它定位为商品，那么它也有与商品一样的属性，即劳动力可以被交换，通过交换让渡使用价值，以实现劳动力的价值。但劳动力的交换形式是不发生所有权转移的交换，并且对于劳动者来说，劳动力商品的交换非常重要，因为只有通过劳动力商品的交换，劳动者才能获取劳动力价值。如果劳动力不能被交换，那么其价值就等于零，而劳动者的劳动力商品卖不出去，就会处于失业状态，劳动者就没有收入，甚至无法生存。劳动力流动从本质上讲是劳动者为了实现劳动力商品交换的一种行为，劳动者在不同地区、不同行业、不同职业和岗位之间流动，寻求交换劳动力的机会和更高的劳动力交换价值。通过自主流动，劳动者找到了适合自己的岗位、行业或者职业，实现了雇主、工作岗位和劳动者三者的匹配。雇主和劳动者都能够以较低的成本实现自己的经济目标，从而实现劳动力资源的优化配置。

第二，劳动力流动增强劳动力市场的活力。狭义的劳动力市场是指劳动力交换的场所。随着经济的发展，劳动力市场的外延被扩大了，包括一切有形的和无形的劳动力市场，是实现劳动力资源配置，调节劳动力供给和需求的一种市场机制和形式。广义的劳动力市场主要是指通过市场机制配置劳动力资源时形成的各种经济关系，包括劳动合同、劳动者的社会保障、就业、劳动立法及特殊劳动者的保护等。劳动力流动使工作岗位更具有竞争性，同时使劳动者处于一种相互竞争的状态，对劳动者形成一种驱动力，推动劳动者不断地学习新技能，提升自身能力素养，以便能够在竞争中胜出。这一过程在很大程度上提升了劳动力市场的活力和效率，同时改善了劳动者的地位，使整个劳动力的素质不断提升。

第三，劳动力流动改善收入分配。劳动力流动使劳动力有更多的就业机会和选择。由于劳动力作为生产要素天然要去寻求更高的要素报酬率，所以为了获取更多的收益，劳动力总是朝着收入高的工作流动，于是农村剩余劳动力就会向工资水平较高的城市或工作岗位流动，其工资收入也就随之提高。当越来越多的劳动力都从农村向城市流动时，从事农业的劳动力就会减少，农业劳动生产率随之提高，农业现代化程度提高，农业劳动力的工资水平也会逐步提高，城乡间劳动报酬的差异会逐渐缩小，同质劳动力能够获得相同的劳动报酬，城乡劳动力收入差距缩小。由此，劳动力流动改善了收入分配的差距。

二、交易费用理论

（一）交易费用的概念

交易的概念可以追溯到公元前。古希腊哲学家亚里士多德已经认识到交易与生产的区别，他认为交易是一种致富的手段，并且将交易区分为三类：一是商业交易；二是贷钱取利（金融货币交易）；三是雇佣制度（劳动力交易）。① 正式提出"交易"这一独特概念的是美国的制度经济学家康芒斯，他认为交易是经济活动中最基本的形态，是经济研究的最基本单位。交易过程中包含了三种最基本的经济关系，即冲突、依存和秩序。这种冲突是指利益冲突。康芒斯认为，通过国家制定政策法律可以调和冲突，形成社会秩序。康芒斯将交易看作人与人之间对物品所有权的出让与取得关系，交易是人与人之间的关系，而不是物品的交换关系。康芒斯界定了交易的三种类型，即买卖的交易、管理的交易和限额的交易②，从而使交易成为制度经济学的主要分析单位，并且揭示了交易所体现的人与人之间的权利关系。但交易在康芒斯的概念中是一个广义的概念，并且是转瞬即逝、没有成本的，但现实生活中的交易费用是不可能为零的。马克思对流动费用的论述表明他已经认识到交易过程中存在损耗。他将纯粹的流通费用划分为买卖费用、簿记费用和货币费用。买卖费用来自达成交易耗费的时间和将一种价值转换为另一种价值所花费的劳动力。簿记费用是指用在簿记这个活动上所花费的时间和劳动力，它与买卖费用类似。货币费用主要是指货币磨损的费用。此外，马克思认为保管费用和运输费用也属于流通费用。保管费用主要包括储存的产品总量的减损、质量的变化及储存所付出的劳动。③ 马克思所论述的流通费用与现代的交易费用已经有很多相同的地方。科斯最早于 1937 年对企业性质的研究中提出了交易费用的思想，他认为市场运行不是平滑的，而是存在摩擦的，这种摩擦就是交易成本。以企业为例，如果没有企业制度，每个要素的所有者都参加市场交换，那么交易者数目众多，交易摩擦将异常巨大，甚至导致交易无法达成。而企业这种组织形式之所以会产生，正是因为它将市场上的要素所有者整合为一个单位参加市场交换，从而减少了交易数量，减轻了摩擦，降低了交易成本。

（二）交易费用的界定

科斯认为，交易费用是使用价格机制的成本，通过价格机制最明显的成本就是发现相对价格所需要付出的费用，如发现交易对象和交易价格的费用、讨价还价的费用、订立交易合同的费用及督促契约条款严格履行的费用等。这是一个描述性的定义。继科斯之后，威廉姆森和达尔曼从契约的角度

① 亚里士多德:《政治学》，吴寿彭译，商务印书馆 1997 年版，第 25—33 页。
② 约翰·康芒斯:《制度经济学》，于树生译，商务印书馆 1998 年版，第 76 页。
③ 卡尔·马克思:《资本论》（第二卷），商务印书馆 2004 年版，第 248 页。

进一步界定了交易费用。威廉姆森认为交易的对象是产品和服务，交易的过程是连续的，一个交易过程的结束伴随着下一个交易过程的开始，交易是人与人之间或组织之间的关系。交易是通过契约进行的，因此交易费用可以分为签订契约前的费用和签订契约后的费用。签订契约前的交易费用主要是指拟定合同的费用、讨价还价的费用以及确保合同履行付出的费用。签订契约后的交易费用主要是由于交易的不确定性和契约不完备造成的费用。达尔曼与威廉姆森的观点一致，他也从契约签订的三个阶段将交易费用界定为搜寻信息和讨价还价的费用、决策的费用、履约及监督费用。威廉姆森和达尔曼对交易费用的界定是狭义上的交易费用。

在现实生活中，从具体的一次交易过程看，交易是通过契约进行的，因而通过契约过程的考察可以分析具体交易的费用支出。若将无数次交易作为一个整体考察，这无数次交易构成了经济制度的实际运转，并受到制度框架的约束，而这正是对交易费用广义理解的思路。阿罗、张五常从广义的角度界定了交易费用。① 阿罗最早提出了"交易费用"这一术语，他在1969年发表的《经济活动的组织：有关市场选择和非市场分配相关问题》一文中指出交易成本通常妨碍了（在特殊情况下则阻止了）市场的形成。阿罗将交易成本定义为经济制度运行的费用。张五常认为，只要是一个人以上的社会就需要规则，也就是制度。但社会制度并不是平滑的，而是存在着制度性摩擦。交易费用就是制度成本。杨小凯将交易费用分为外生交易费用和内生交易费用两类。外生交易费用是指决策行为发生前就知道其大小和水平的那些费用。内生交易费用则是难以预期的费用，因为它是由于人们在争夺分工的好处时产生的，要在决策交互行为发生后才能被发现。狭义的交易费用是指人们在争夺分工利益的过程中不惜损害他人利益的机会主义行为。这种机会主义行为使分工的利益不能被充分利用，或者使资源配置产生背离帕累托最优状态的扭曲。② 弗鲁博顿认为交易费用会消耗真实的资源，除了阿罗提到的经济制度运行的费用外，交易费用源于建立、使用、维持和改变法律意义上的制度和权力意义上的制度所涉及的费用。③

经济学家对交易费用的界定并不是完全一致的，但是从他们对交易费用

---

① 王海涛：《新制度经济学概论》，东北大学出版社2009年版，第23页。

② 杨小凯：《经济学：新兴古典与新古典框架》，社会科学文献出版社2003年版，第141—142页。

③ 埃里克·弗鲁博顿、鲁道夫·芮切特：《新制度经济学：一个交易费用的分析范式》，姜建强、罗长远译，上海人民出版社2013年版，第59页。

的理解可以总结出交易费用的性质：首先，交易费用是在所有权的交易活动中形成的；其次，交易费用源于使用制度产生的费用；最后，交易费用是无处不在的。因此，交易费用不可能消失，只能被降低。

（三）交易费用产生的原因

探究降低交易费用的路径应当溯本求源，先从寻找交易费用产生的原因着手。诺斯从物品的多重属性、人们追求利益最大化的机会主义行为、分工和专业化程度的角度分析了交易费用存在的原因。对于交易双方而言，交换价值就是想要花费在物品或服务的某种属性上所含的价值。但是物品或服务通常存在多重属性，这些属性的层次在不同代理人那里是不同的，要想精确衡量和充分理解商品或服务的不同层次的代价是高昂的。诺斯举了经济系教授雇用助理的例子：打算雇用一位助理教授，不仅要考察他的教学能力，还要考察他的团队合作能力、个人品德等，而获取这方面的信息都是需要追加成本的。由此可见，要衡量和区分不同的属性是需要花费资源的，确定和衡量所转化的权利也要花费资源，所以交换过程中会产生交易费用。交易双方的信息不对称是由于商品及服务的多重属性造成的。在诺斯的例子中，被雇用的助理更了解自身状况，而经济系的教授想要获取信息的难度很大，因此被雇用的助理更倾向于采取机会主义行为，通过欺骗等行为达到自身利益最大化。此外，分工和专业化程度也是导致交易费用产生的原因之一。诺斯认为，在分工和专业化程度很低的时候，人们的交易通常在熟人之间发生，交易的参与者少，当事人之间拥有完全信息，因此交易费用很低。随着分工和专业化程度的提高，交易的范围扩大了，交易的参与者增加了，这导致交易变得复杂。交易双方变成了陌生人，交易中信息是不对称或者不完全的，欺诈、违约等机会主义行为不可避免，交易费用也会因此而上升。[①]

威廉姆森对交易费用的成因进行了较为全面和深入的研究，并指出人的因素和交易的特性要素决定了交易费用的存在。人的因素主要是指人的有限理性和机会主义行为。在影响交易费用的因素中，最重要的就是人的因素，交易费用的存在与人的本性密切相关。威廉姆森认为，任何问题都可以作为契约问题来看待，交易费用的存在正是因为契约人的有限理性和机会主义行为。有限理性是指契约人客观上的认知能力是有限的，因此在签订契约

[①] 道格拉斯·C.诺斯：《制度、制度变迁与经济绩效》，杭行译，格致出版社 2014 年版，第 38—41 页。

时，必然会存在漏洞，弥补理性不足付出的代价就构成了交易费用。机会主义行为是指契约人不但是自私自利的，而且是损人利己的，具有投机主义倾向，为了自己的利益，不惜歪曲信息，损害他人的利益。这就降低了契约的效率。人们不仅要考虑自身利益，还要防范他人的机会主义行为，这无疑增加了交易成本。

资产专用性、不确定性、交易频率及交易环境都会产生交易费用。威廉姆森将资产专用性界定为特定资产能够改为他用的可能性的大小，它与沉没成本概念有关。沉没成本是指已经付出的，在现在和将来无法收回的成本。资产可以转化为其他用途的能力越强，说明其资产专用性越弱，沉没成本越低，交易风险就越小；资产可以转化为其他用途的能力越弱，说明其资产专用性越强，沉没成本越高，交易的风险越大。由此可以推论，对于专用性强的资产而言，交易关系的稳定性与持续性尤为重要，应当建立保障机制，以维护交易关系的持续性。不确定性是指交易中存在难以预期的因素，包括难以预料的自然随机因素造成的不确定性、信息不对称带来的不确定性和行为的不确定性。其中，行为的不确定性是由于策略性地隐瞒、掩盖或扭曲信息等机会主义行为以及这些行为的千差万别而产生的不确定性。这种不确定性使交易变得更为复杂，在长期交易中会产生较大影响。[①] 交易频率和交易环境也会影响交易费用。同类交易重复发生的次数被称为交易频率。交易频率发生的次数可以是一次、数次或者经常。是否需要建立一种治理结构来降低交易费用主要取决于交易的频率。因为建立治理结构也是要付出成本的，如果交易频率只有一次或者很低，专门建立某种治理结构就是不经济的，节约的交易费用无法弥补其建立和运转的成本，但若交易频率很高，节约的交易费用明显高于建立的治理结构的成本，则建立专门的治理结构就是可行的。交易的环境主要是指交易的市场环境。如果市场中竞争对手的数量很多，处于完全竞争的状态，那么达成交易就非常容易，交易费用就很低；但若市场处于垄断竞争的状态，尤其是处于寡头垄断，则交易的非垄断方就完全依赖于垄断方。两者在谈判中的地位完全不平等：非垄断方的谈判成本很高，垄断方采取机会主义行为的可能非常大，这就意味着非垄断方如果想要维持交易的继续就会为此付出非常高的代价。

巴泽尔认为，利益最大化使人们只要一有机会就想要扩张自己的产权

---

① 奥利弗·E. 威廉姆森：《资本主义制度：论企业签约与市场签约》，段毅才、王伟译，商务印书馆 2002 年版，第 80—90 页。

边界，并期望从中获得好处，因此实际的产权是在交易过程中确定的。而由于商品的属性是多维的，要全面测量商品的属性成本太高，这就导致产权边界模糊，需要进行界定和维护，由此产生了交易费用。巴泽尔是从产权的角度解释交易费用产生的原因的，他的分析中包含了机会主义行为和商品多维属性的因素，这与诺斯和威廉姆森对交易费用成因的看法有相同之处。

（四）交易费用的构成

科斯认为交易费用是利用价格机制的费用，具体包括寻找交易对象、发现相对价格的费用；谈判和签约的费用；其他方面引起的费用。威廉姆森作为继科斯之后对交易费用理论做出重大贡献的学者之一，将交易费用分为事前交易费用和事后交易费用。事前的交易费用是指事先明晰并规定交易各方的权责义务时发生的成本和代价，事前交易费用的高低取决于产权明晰度；事后交易费用是指交易发生后，为维系交易关系、处理变更有误的交易事项或取消交易协议所付出的成本和代价。

达尔曼认为交易双方要想达成协议就必须先相互了解，将可能的交易机会告诉对方。这个过程存在着信息的传递与获取，因此是要耗费成本的。如果交易的一方有多个代理，那么在确定交易条件时，还会产生决策成本，之后还有执行合约的成本、控制和监督合约履行的成本等。因此，从整个交易过程看，交易费用包括寻求信息成本、讨价还价和决策成本、执行和监督成本。张五常认为，除了物质生产和运输的成本，其他的成本都是交易成本，具体包括信息成本、谈判成本、起草和实施合约的成本、界定和实施产权的成本、监督管理的成本及变更制度安排的成本。无摩擦的一人世界不存在的那些成本就是交易成本。在存在摩擦的现实经济世界里，交易费用发生在存在利益冲突的人与人的社会关系之中，离开社会关系，交易费用就不存在了。菲吕伯顿认为，交易费用包括对制度和组织进行创造、维持、利用和改变等活动中需要的资源的费用。当财产和合同权利被使用或转移时，交易费用还包括界定和测量资源和索取权的费用、使用合同权利的费用，以及信息、谈判、执行的费用。

经济学家对交易费用的构成虽然有不同的认识，但他们都是从交易发生的过程的角度来划分交易费用的构成的。从狭义角度看，交易费用包括发现交易对象、搜寻交易价格、签订契约和履行契约的费用。从广义的角度看，除上述费用外，交易费用还包括由于不确定性和机会主义存在而产生的损失及由资产专用性、交易条件改变和交易失败而带来的损失。[①] 深入分析交易费用的构成有助于正确把握养老保险关系转移过程中流动性损失的构成，并为进一步寻找降低这些损失的途径打下良好的基础。

（五）交易费用的影响

各种交易费用不仅是真实存在的，还会对现实经济生活产生广泛而深刻的影响。张五常指出，交易费用会降低交易量，不利于经济资源的利用，制约潜在交易的实现，从而导致财富净损失。[②] 张五常更多地表述了交易费用的负面影响，而事实上交易费用的存在既是有必要的又是可防范的，交易费用的影响既有正面的又有负面的。首先，交易费用会对稀缺资源造成损耗。正如生产活动会消耗稀缺资源一样，交易活动也会消耗稀缺资源。在交易活动中，有些部门的资源消耗是难以避免的，如发现交易对象、搜寻交易价格等，这些活动是达成交易所必须的，因此而消耗的资源也是必要的。其次，人类的知识是有限的，而自然世界又难以预料，那么这些不确定性也会带来交易费用。但除此之外，由于交易主体在利益争夺中的机会主义行为导致的损失就是对稀缺资源的损耗和浪费。交易主体为了达到自身利益最大化的目的，不惜损害他人的利益，有可能造成商品或服务的价格偏离其价值，由此产生扭曲的价格结构和信息的混乱与复杂，这种行为导致资源配置朝着一种扭曲的背离"帕累托均衡"的状态发展。最后，交易费用过高会降低交易频率或阻碍交易发生。对于有害的交易，这一影响是正面的。例如，贩卖毒品或走私行为对经济和整个社会都会产生巨大的危害，此类行为需要增加其交易成本。对此，可通过政府制定相关政策制度严厉打击，也可通过非正式形式，如社会舆论等进行道德层面的谴责，使这种交易行为的交易费用达到难以承受的程度，以此来降低有害交易。但是，对于有利的交易，交易费用过高会产生负面影响。例如劳动力的合理流动本来是有利于劳动者自身和经济社会发展的，但由于存在制度性的障碍（户籍制度、社会保障制度等）给劳动者造成了流动壁垒，劳动者在流动就业中要付出很高的成本，这就打击了劳动者流动的积极性，造成劳动者流动频率降低，或者部分本来想流动的劳动者由于考虑到预期的交易费用过高而放弃流动。

---

① 刘东：《交易费用概念的内涵和外延》，《南京社会科学》2001 年第 3 期，第 1—4 页。

② R. 科斯、A. 阿尔钦、D. 诺斯等：《财产权利与制度变迁：产权学派与新制度经济学派译文集》，刘守英等译，上海人民出版社 2004 年版，第 126 页。

（六）降低交易费用的途径

交易费用是普遍存在的，不但消耗稀缺资源，而且会对经济活动产生一定的影响，尤其是过高的交易费用可能会对有利的交易活动造成负面影响，降低这类交易的频率或阻碍交易的发生，因此探寻降低交易费用的途径是很有必要的。由于一项交易活动中产生的总交易费用通常由许多不同的交易费用构成，而这些交易费用又是由多种因素共同决定的，所以交易费用不可能彻底消除，但可以通过一些途径防范某些交易费用的发生，或者降低某些交易费用。经济学家认为技术创新和制度创新都能够有效降低交易费用。

技术创新对生产成本的节约是通过提高生产要素的利用率实现的，对交易费用的节约主要是通过信息技术实现的。信息技术主要是指现代物流技术和电子商务技术。现代物流技术通过对库存量和库存结构的科学管理减少资金占用率、时间成本和管理费用。电子商务技术在降低交易费用方面的作用更为强大，如通过互联网，买卖双方可以很容易地搜索到很多商品和服务信息，这就降低了搜寻成本；通过信息化的交流平台，买卖双方可以讨价还价，商量合同细节，由此降低了签订契约、讨价还价的费用；通过网络第三方的监督和保障机制，降低了监督契约履行的费用。一个经典的例子就是处于不同地域的买卖双方通过淘宝网达成交易，第三方是淘宝公司，在这一过程中节约了大量交易费用，这也是网络购物盛行的原因。

制度经济学认为技术创新和制度创新之间是相互影响、相互作用的，但制度创新的作用是决定性的，好的制度能够促进技术创新，而不好的制度会阻碍技术创新。科斯对交易费用的研究实际上是从制度创新降低交易费用的角度开始的。他发现企业之所以存在就是因为在交易中利用企业这种制度安排的形式比利用市场的价格机制的交易费用低。因为，企业的存在可以减少交易次数，避免寻找中间产品价格的费用及签订合同和监督合同履行的费用等。由此可见，企业作为一种制度创新的形式，有效降低了交易费用。威廉姆森认为可以通过一体化将交易内部化来降低交易费用。他发现在一次性合约、一系列短期合约和垂直一体化三种企业形式中，垂直一体化能够更好地解决不完全性和机会主义行为的问题。一体化有利于调和各种利益矛盾，使决策过程变得更有效率。诺斯认为，在制度的服务需求水平既定的情况下，存在若干种制度，当一种制度安排比其他的制度安排的交易费用更少时，这种制度安排就比其他可供选择的制度更有效率。[①] 基于诺斯的观点，对于交易费用与制度安排之间关系的考察有利于进一步了解制度是如何降低交易费用的。

三、交易费用与制度安排

（一） 制度与制度安排

美国制度经济学奠基人凡勃仑认为从本质上而言，制度就是个人或社会的一种思维习惯。人们是生活在制度也就是思想习惯指导下的。[②] 他对制度的理解偏重于非正式的制度。制度经济学的另一代表人物康芒斯将制度解释为一种集体行动控制个体行动的一系列行为准则或规则。康芒斯对制度的定义揭示了制度的本质，即制度是一种行为规范。诺斯将制度划分为正规的制度和非正规的制度：正规的制度是指人们设定的规则，如法律；非正规的制度包括习俗和道德准则等。诺斯认为制度主要通过建立人们之间的关系结构的稳定性来减少不确定性，降低交易费用。

舒尔茨在《制度与人的经济价值的不断提高》一文中将制度定义为一种行为规则，这些规则涉及社会、政治及经济行为。他划分并列举了四种制度类型：①降低交易费用的制度，如货币市场；②影响生产要素的所有者之间配置风险的制度，如保险、合作社和公共社会安全计划等；③提供个人与职能组织之间联系的制度，如遗产法；④确立公共品和服务的生产与分配的框架的制度，如飞机场、高速公路、学校和农业试验站。[③] 青木昌彦（2001）以博弈论为视角，将制度界定为一个维持博弈活动的自我维系系统。他认为制度的本质是能被所有博弈主体感知并关注的对博弈路径的一种表征，这种表征受博弈主体决策的影响而不断改变，同时制约着博弈主体的行为。[④] 制度作为对博弈路径的表征，一方面制约着参与者的决策行为，另一方面又会受参与人决策的影响而不断更新。

---

① Douglass C. North, "Institutions, transaction costs and economic growth," *Economic inquiry* 25, no.3（2010）: 419-428.

② 凡勃仑：《有闲阶级论：关于制度的经济研究》，李华夏译，商务印书馆1997年版，第23页。

③ T.W. 舒尔茨：《制度与人的经济价值不断提高》，http://www.doc88.com/p-1724731 49398.html。

④ 青木昌彦：《比较制度分析》，周黎安译，上海远东出版社2001年版，第28页。

不同学者对制度的理解虽然有差别，但是对制度本质的理解都趋于一致，也就是制度是一种行为规则，制度安排是最接近于制度的定义。林毅夫将制度安排定义为管束特定行动模型和关系的一套行为规则。制度经济学家在使用制度这个术语的时候一般都是指制度安排。

（二）交易费用与制度安排的关系

科斯在他的两篇经典文献《企业的性质》和《社会成本问题》中说明了交易费用与制度安排的关系。科斯认为交易费用是制度的源泉，正是因为交易费用为正，才出现了企业这种形式的制度安排。科斯对交易费用与制度安排关系的界定被西方学者总结为科斯定理。科斯定理表达的主要内容如下：当交易费用为零时，财产法定的最初安排不影响经济运行的效率。这只是一种理想的状态，就如物理学中假设摩擦系数为零，无交易费用下的经济运行情况也只是特殊假设下的逻辑推理。因为在现实世界中，交易费用不可能为零，因此科斯定理实际上说明了在现实生活中制度安排有着十分重要的意义。制度安排为降低交易费用而生，正是有了制度安排的约束，市场机制才能正常发挥其调节作用，使经济生活和谐有序。不同制度安排下资源配置的水平是不同的，不同制度安排的选择会影响经济活动的运行效率。制度安排的效率也有高低之分，一般高效率的制度安排，其交易费用也更低。因此，交易费用实际上就是市场上资源配置的损失。

（三）交易费用过高导致制度变迁

制度变迁是制度的重置和转换的过程。因为，制度变迁是一个包含了制度非均衡到制度均衡，再到制度非均衡，再到新的制度均衡的无限往复的过程。从交易费用的角度理解，制度变迁可以看作交易费用更低的制度对交易费用较高的制度的替代过程。科斯第二定理的核心内容是如果交易成本为正，就说明对权利的最终配置受到其初始配置的影响，从而对社会总体福利产生不利影响。这种情况宜选择能够提供较大社会福利的初始配置。权利的配置方式就是制度安排，当存在交易费用时，不同的制度安排会有不同的交易费用。当制度非均衡时，说明当前的制度不能有效约束人们的行为，导致机会主义行为及不确定性增加，最终使交易费用升高。从博弈论的角度看，制度均衡是博弈参与者进行利益博弈的结果，如博弈中有两个以上的相互之间存在利益关系的主体，一方的决策行为受其他利益方的制约，同时制约着其他利益方。制度安排是利益博弈的结果：如果博弈的利益主体各方对制度安排满意，或者能够接受，那么就可以称这种制度安排是均衡的；如果制度安排使某些利益主体的利益增加，而导致另一些利益主体的利益受损，那么利益受损方就会对制度安排不满，其想要改变当下的制度安排的一种状态就是制度安排的非均衡状态。非均衡状态说明当前的制度安排已经偏离了帕累托最优，制度的供给已经不能满足制度的需求，需要进行重新配置，而对制度重新配置的过程就是制度变迁。制度是人们在不断的博弈中形成的，制度均衡是博弈参与人在对制度进行成本与收益的权衡后做出的选择，制度安排是博弈参与人在利益冲突和妥协中建立起来的，而制度变迁是博弈参与人对利益调整的过程，包含着不同利益主体之间的相互作用。利益主体间的利益冲突的程度与力量对比决定了制度变迁的方向、形式和绩效。

（四）制度变迁的路径依赖问题

诺斯认为路径依赖类似物理学中的惯性。在制度变迁过程中，制度可能会沿着以往制度的方向和路径前进，也就是说现有制度会对后来的制度形成一些影响，这些影响可能是有益的，也可能是有害的。因为现有制度的影响有好坏之分，所以制度的路径依赖也有良性和恶性之分。当现行的制度给某些利益集团带来了好处，那么利益集团就会竭力维护这种制度安排。即便当前的制度是无效率的，也会停滞在当前无效率的状态下，这种状态被新制度经济学家称为"锁定"状态。锁定状态意味着当制度处于非均衡状态时，即便某些利益群体承担的交易费用过高，导致利益受损，而另一些利益集团由于其在博弈中处于支配地位，为了维护既得利益，就会竭力维护现有制度，或迫使新的制度安排在原有制度轨迹下设计和进行，从而产生制度安排的路径依赖。

路径依赖之所以存在，对于个人而言是由于受到"沉没成本"的影响，对于利益集团而言是因为有既得利益的存在。对于个人而言，当人们对自身做出某种安排或选择时，就会投入时间、金钱和精力等各种东西，这些都是个人付出的成本。当某一天发现这种选择并不是最佳选择时，因为考虑到已经做出了巨大的投入，重新选择将意味着已经投入的一切将成为沉没成本难以收回，那么个人就很难改变现有的选择。对于利益集团而言，所有利益主体对其付出的成本要求相应的收益，在现行制度下形成的既得利益集团更是如此。由于利益集团对现行的制度有强烈的需求，为了巩固和强化现行制度，以保障自身能够持续获得既得利益，其会竭尽全力维持现有的制度，即便新的制度能够带来帕累托改进，也会遭到既得利益集团的排斥和打压。

　　路径依赖理论说明现行的制度选择会受到初始制度的影响，沿着初始制度的惯性行进，因为沿着原有制度的路径和方向行进总会简单和方便一些。此外，一种制度形成以后，往往会出现现行制度下的既得利益集团。这些集团担心变革会触及自身利益，因此会以自身的力量维持现有的制度，阻碍任何变革。要想使利益集团接受制度的改变，其前提是制度的改变要使既得利益集团的利益有所巩固和扩大，即便如此，受到原有制度惯性的影响，制度变革依旧是缓慢的。

四、养老保险制度的理论基础

（一）德国新历史学派的社会保险思想

　　德国新历史学派是 19 世纪 40 年代至 20 世纪初期在德国出现的庸俗经济学流派。19 世纪 70 年代以后，德国产业资本壮大，日渐走向垄断资本主义，其内在矛盾开始显露。1873 年的经济危机导致了中产阶级的没落，工人阶级失业和贫困，社会问题严重。针对这些问题，德国新历史学派在继承旧历史学派主要观点的基础上，代表德国资产阶级，从社会改良主义的角度提出了一系列国家干预社会生活的理论政策思想，其主要代表人物有古斯塔夫·冯·施穆勒、阿道夫·瓦格纳和布伦塔诺。古斯塔夫·冯·施穆勒（Gustav von Schmoller）是德国新历史学派的创始人。他认为不能一味要求工人克制和节约，这样根本无法解决问题，要解决问题必须要使伦理道德和法律同时对社会经济发展发挥作用，以此来调和阶级矛盾。他认为工人阶级和资产阶级的矛盾主要是两个阶级在理想、精神和世界观方面的对立，这个问题不能通过实行自由放任原则来解决，应当而且只能通过国家的社会经济政策和道德教育来解决。因此，其主张通过实行自上而下的改良主义政策，调整资本主义的经济关系，发展公营和国营企业，缓和劳资矛盾，实现所谓的为社会正义和社会福利而奋斗的"社会王国"。他的理论也被称为"讲坛社会主义"。

　　阿道夫·瓦格纳（Adolf Wagner）是社会政策学派财政学的集大成者和资产阶级近代财政学的创造者。他把社会经济组织分为"个人的经济组织""共同的经济组织"和"慈善的经济组织"三种。财政是"共同的经济组织中由权利共同体构成的强制共同经济"，并据此提出了新的国家职能观。他认为国家应有发展文化教育和增进社会福利的职能，国家应为"社会国家"，强调国家救助是社会改良的主要支柱。他的国家社会主义排除工人阶级的参加，主张"先上层，后下层"，认为工人阶级是国家社会主义政策的受益者。布伦塔诺被认为是新历史学派左派或自由派。他的根本立场是主张劳工的团结自由，认为劳动力在现代科学中是商品，有它的时代的特殊意义，工会的首要任务在于使工人从不幸的境遇中解放出来，保障最低生活费用的工资水平。他反对"工资基金说"，指出工资的源泉不在于企业家的流动资本，而完全在于消费者的购买力。他指出，提高工资、缩短工时，绝不影响工效，反而可以促进企业家采用机器，工资最高的工人反而会成为最廉价的工人。他反对政府的强制保险，主张工人自己管理失业保险。在农业和商业政策方面，他主张自由主义，土地可以自由处理。他和瓦格纳不同，主张的是由下而上地推动社会改良。

德国新历史学派反对英、法经济学家所倡导的自由放任的传统经济政策，主张国家应当对经济进行干预，实行保护和统制政策。尤其重视国家的职能，批评经济上的自由放任政策，主张国家在社会经济发展中应当发挥重要的领导作用，主张国家制定各种政策措施以实行自上而下的改良。比如，制定工厂立法、劳动保障、工厂监督、孤寡救济等法令，实行矿产、铁路、河流、森林、银行等的国有化。新历史学派不再仅仅是把税收作为筹集国家经费的纯财政手段，更重要的是将其作为改变国民收入分配的工具，赋予税收广泛的经济调节和社会职能，使一般财富的分配职能从属于社会政策的目的。社会政策税收理论是新历史学派理论的精髓，在他们看来，只有通过这种政策来改变财产、所得分配不公正的矛盾，才能稳定德国资本主义发展所必须的社会秩序，贯彻税收的社会政策。

简言之，德国新历史学派的社会福利主张就是通过社会政策推进社会福利。德国新历史学派为社会保险的产生奠定了重要的理论基础。德国的新历史学派强调国家的经济作用，认为国家除了维护社会秩序和国家安全外，还具有文化和福利的目的，应该由国家兴办一部分公共事业来改善国民的生活，如建立社会保险、发展义务公共教育等。其强调国家对社会生活的直接干预，强调国家应通过立法实行包括社会保险、孤寡救济、劳资合作及工厂监督在内的一系列社会措施，自上而下地实行经济和社会改革。新历史学派以国家干预为主线的社会政策主张为德国最早实施社会保险制度奠立了重要的思想基础、理论基础和政策基础。

（二）英国费边社会主义

费边社会主义是19世纪后期流行于英国的一种社会主义思潮，与马克思主义相对立。马克思主义主张用激进的暴力革命实现社会主义，费边主义则主张采取渐进措施对资本主义实行点滴改良，用温和的非暴力改良实现社会主义，这也是英国费边社的思想体系和政治纲领。可以说，费边主义是一种具有软弱性和妥协性的社会主义思想。费边社创立于 1884 年 1 月，主要代表人物有乔治·萧伯纳和悉尼·韦伯，其成员几乎全是知识分子，代表作有《费边宣言》（1884 年）、《费边社纲领》（1889 年）。1889 年出版的《费边论丛》一书为费边社会主义奠定了基础。费边主义把政府本身作为推行社会福利的主要责任者，制定更加积极和全民的政府救助计划，以帮助更多的人；主张彻底废除《济贫法》，应该对各种致贫原因进行适当的分类和评估，诸如年老、疾病、残疾等，然后根据不同情况，国家可采取不同的措施。

（三）福利经济学的思想

福利经济学的思想分为旧福利经济学和新福利经济学两个阶段。阿瑟·塞西尔·庇古（Arthur Cooil Pigou）是英国著名经济学家、剑桥学派的主要代表、福利经济学的创始人，也是旧福利经济学的代表人物。他于 1920 年出版的《福利经济学》使福利经济学成为一个研究领域，被誉为"福利经济学"之父。庇古的福利经济学说是以资本主义完全竞争作为前提的，他认为自由竞争可以使边际社会纯产品等于边际私人纯产品，从而使社会经济福利达到最大化。但与传统经济自由主义不同，庇古的经济思想中更多地包含了政府干预的成分，在增进国民福利的很多方面，庇古都提出了政府干预的措施，著名的"庇古税"更是政府干预的有效手段。在国民所得的分配论述中，庇古主要讨论了财富从富人向穷人的转移问题。庇古认为，一般说来能增加穷人财富的绝对份额而不损害国民所得的任何事情必然增加经济福利。国家给予穷人的帮助主要是由富人向穷人转移，这种转移包括自愿转移和强制性转移两种，其中自愿转移是富人基于公益精神或者公益目的而向穷人转移资源，这些资源包括提供住房、受教育的机会、建造公园和儿童游乐场，或者选择自愿提供去世后的大笔财产为穷人服务。庇古鼓励这种自愿转移，但是他也感到自愿转移的份额是不够的，还需要相当多数量的强制性转移，这就需要政府干预，征收累进的所得税和遗产税，将征税所得的收入转移给穷人。转移的方式包括直接转移和间接转移：直接转移包括提供养老金、失业补助、免费教育、医疗保险等社会服务，间接转移包括对穷人最需要的产品的生产进行补助，如对农业生产、交通、住房建筑进行补贴，以便这些行业的产品以低价卖给穷人，使穷人间接受益。政府对穷人的收入转移制度还涉及一种最重要的补偿，也就是由政府来制定实际收入的最低标准来保障穷人的最低生活条件。庇古认为古典经济学家对亚当·斯密"看不见的手"的作用过于乐观，尤其在资源配置方面，"利己心"及天赋学说是需要法律和制度的保障才能够发挥的，因此政府干预经济活动是必要的，也是必须的。此外，庇古还提出了收入均等化的思想，认为在国民所得的分配过程中，应该将富人的财富转移给穷人，增加穷人的绝对份额，进而增进整体经济福利。这实际上修正了古典经济学"只要机会平等就是公平"的观点，提出了既要机会均等，还要分配结果均等的公平观。古典经济学家认为穷人之所以贫穷是因为他们天赋欠佳，这是优胜劣汰，政府不应当对他们给予帮助，而庇古声称要用经济学"作为改善人们生活的工具""要制止环绕我们的贫穷和肮脏、富有的家庭有害的奢侈，以及笼罩在许多穷困家庭朝不保夕的命运等罪恶"。这种思想在道德层面具有进步意义，并且为调节资产阶级矛盾产生了积极影响，对欧洲福利国家的建立产生了很大影响。总体来看，旧福利经济学以边际效用价值论为基础"福利经济"，把国民收入的增加和均等化的收入分配看作福利经济学研究的主题，用两个标准来检验社会福利、国民收入的大小和国民收入在社会成员中的分配情况。

20世纪30年代，庇古的福利经济学受到罗宾斯等的批判。罗宾斯认为分配问题涉及价值判断问题，因此不在福利经济学的研究范畴。他提倡在自由竞争的市场机制下实现资源的优化配置，从而达到帕累托最优。所谓"帕累托改进"，就是一项政策能够至少有利于一个人，而不会对任何其他人造成损害。所谓"帕累托最优"，就是上述一切帕累托改进的机会都用尽了，再要对任何一个人有所改善，不得不损害另外一些人。继罗宾斯之后，卡尔多在《经济学的福利主张与个人之间的效用比较》（1939）一文中提出了一个判别社会福利是否提高的标准。新福利经济学在帕累托的"最佳状况"概念的基础上提出判断一种经济变化是否使社会福利有所改善的标准如下：在一部分人状况得到改善的同时，没有任何人蒙受损失。但实际上，采取一项政策，在一般情况下，总会使一些人得到改善，另一些人受到损失。在这种情况下，如何判别这个政策的社会福利效果呢？卡尔多提出，假设通过重新分配使受损失的人从得益者那里得到补偿后，每个人的状况比变化前都有所改善，即可判断这一经济变化使整个社会的福利得到了提高。这是建立在庸俗的边际效用序数论基础上的一种理论。希克斯继卡尔多之后提出了新的补偿标准，其在批评庇古福利经济学基础上建立了新福利经济学理论体系。按照帕累托改进的标准，只要有任何一个人受损，整个社会变革就无法进行。

但是，按照卡尔多的标准，如果能使整个社会的收益增大，那么变革也可以进行，无非是如何确定补偿方案的问题。卡尔多、希克斯、勒纳、西托夫斯基等建立在帕累托理论基础上的福利经济学被称作新福利经济学。新福利经济学的社会保障思想是补偿变革损失，实现合理分配。

（四）凯恩斯的国家干预主义

1929—1933年，美国爆发了资本主义世界最严重的一次经济危机。这次经济危机带来了大萧条，传统的经济理论无法解决这次经济危机带来的负面影响，经济一蹶不振。在这种情形下，约翰·梅纳德·凯恩斯（John Maynard Keynes）于1936年出版了他的著作《就业、利息和货币通论》。此书的出版使国家干预经济理论由配角变成了主角。书中提出经济萧条的主要原因是有效需求不足，社会总供给和总需求因此而失衡。要想解决有效需求不足的问题，就要放弃经济自由主义，转向国家干预的政策和方针。而政府的干预就是通过"看得见的手"调节市场失灵。政府通过扩大支出，包括公共消费和公共投资，可以改善有效需求不足的状况，从而减少失业，促进经济的稳定和增长。政府支出具有一种大于原始支出数额的连锁效应，一笔政府支出可以取得几倍于原始支出额的收入水平，这种现象被称为"乘数效应"。通过扩张的财政政策，增加财政赤字，扩大政府支出，通过国家进行公共投资和公共消费支出，从而实现供求平衡，进而带动经济增长。凯恩斯主张通过收入分配政策刺激有效需求来解决失业问题，他的理论对西方各国实施"普遍福利"产生了直接的影响，成为社会保障制度的重要理论基础之一。罗斯福新政中有关社会保障的政策就是凯恩斯社会福利思想在社会保障领域的体现。罗斯福在1935年开始第二期"新政"，在第一阶段的基础上，着重通过社会保险法案、全国劳工关系法案、公用事业法案等法规以立法的形式巩固新政成果。罗斯福认为一个政府"如果对老者和病人不能给予照顾，不能为壮者提供工作，不能把年轻人注入工业体系之中，听任无保障的阴影笼罩每个家庭，那就不是一个能够存在下去，或是应该存在下去的政府"，社会保险应该负责"从摇篮到坟墓"整个一生。由此，《社会保险法》得以制定，规定凡年满65岁退休的劳动者，根据不同的工资水平，每月可得10～85美元的养老金。关于失业保险，罗斯福解释说："它不仅有助于个人避免在今后被解雇时依靠救济，还可以通过维持购买力缓解经济困难的冲击。"保险金的来源一半是由在职工人和雇主各交付相当工人工资1%的保险费，另一半由联邦政府拨付。该法反映了广大劳动人民的强烈愿望，受到美国绝大多数人的欢迎和赞许。为了解决社会保险制度的联邦经费来源问题，罗斯福破天荒地实行了一种按收入和资产的多寡而征收的累进税。

（五）英国贝弗里奇报告

"贝弗里奇报告"全称为"贝弗里奇报告——社会保险和相关服务"，是1941年英国成立的社会保险和相关服务部际协调委员会着手制定的战后社会保障计划。经济学家贝弗里奇受英国战时内阁财政部部长、英国战后重建委员会主席阿瑟·格林伍德委托，出任社会保险和相关服务部际协调委员会主席，负责对现行的国家社会保险方案及相关服务（包括工伤赔偿）进行调查，并就战后重建社会保障计划进行构思设计，提出具体方案和建议。第二年，贝弗里奇根据部际协调委员会的工作成果提交了《社会保险和相关服务》的报告，这就是著名的贝弗里奇报告。委员会的首要任务是对英国的社会保险进行一次全面的调查，第二任务是在调查的基础上提出建议。第二任务遵循三条指导性原则：第一原则是在规划未来的时候，既要充分利用过去积累的丰富经验，又不能被这些经验积累过程中形成的部门利益所限制。世界历史上的划时代时刻属于破旧立新的变革，而不是头疼治头、脚痛医脚的改良。第二条原则是应当把社会保障看成促进社会进步的系列政策之一。成熟的社会保险制度可以提供收入保障，这有助于消除贫困。第三条原则是社会保障需要国家和个人的合作。国家的责任是保障服务的提供和资金的筹集，但个人也需要激励机制，应当给个人参与社会保障制度建设的机会，并赋予个人一定的责任。在确定国家最低保障水平时，应该给个人留有一定的空间，使其有积极性参加自愿保险，为自己及家人提供更高的保障水平。贝弗里奇报告所展示的社会保险计划就是建立在上述三条原则基础之上的。必须明确的是，该计划是一个保险计划，即根据缴费给付待遇，其最终目的是参保人无须经过经济状况调查就可以合法享有基本生活保障。接着，他又提出六条原则，即基本生活待遇水平统一、缴费率统一、行政管理职责统一、待遇水平适当、管饭保障、分门别类。在这六条原则的基础之上，结合国民救助和资源保险等辅助措施，确保民众在任何情况下都不会陷入贫困。

贝弗里奇认为，社会保险方案是社会保障计划的核心，而在任何社会保险方案中，养老金待遇总是数额最大、增长最快的一项。在第三章，贝弗里奇探讨了老年问题，并提出为老年人提供的待遇，其性质和范围最为重要，在某种程度上也是社会保障中最难决定的问题。主要原因如下：第一，成年人会因多种原因丧失收入能力，年老作为原因之一，其重要性超过了所有其他原因的综合。由于领取养老金人口占总人口的比例不断上升，养老金支出相对于其他社会保障支出的增加不可避免。第二，每个人年老后的社会经济状况大相径庭。年老可能引起贫困，也可能不会引起贫困。老年问题的特点是老龄人口规模巨大。这里有两层含义，一是老年人的待遇发放水平必须让人们满意，否则会有很多人的生活难以为继；二是养老金标准每增加 1 先令都要付出昂贵的代价，因为领取人的基数太大。贝弗里奇认为真正的社会保障计划必须保证每个公民只要认真履行了劳动义务，都能够在退出劳动市场后，领到足以满足其生活的收入。这就意味着社会保障计划的基本部门的社会保险要在劳动者退出工作后为其提供退休养老金，使劳动者在没有其他经济来源的情况下也能维持基本生活。同时，国家鼓励自愿保险和储蓄，通过这种方式提高养老水平。贝弗里奇报告中对养老金问题的总结到现在仍然适用的观点如下：强制缴费，并为所有公民提供最基本的养老金；结束五个机构"五龙治水"分散管理的局面，使老年人的所有待遇统一管理。

（六）马克思、列宁的社会保险思想

马克思主义认为人的需要具有自然性、多样性和社会性特征，而人的需要的满足不是单独个人的孤立行为和过程，更多时候需要通过社会活动和社会过程来实现。当人的需要因遇到如年老、疾病、工伤等风险而无法得到满足时，国家或政府理应为他们提供必要的物质帮助与服务，而建立覆盖所有国民的社会保障制度是确保人的需要在某些特定风险状态下得到满足的最好的制度安排。因此，马克思主义的人的需要本质论为建立覆盖全体国民的社会保障制度提供了理论依据。总之，马克思主义关于社会总产品的扣除理论、劳动力再生产理论，以及两大部类之间的关系分析为建立社会保障基金，实施社会保障制度奠定了理论基础。马克思关于社会产品再分配的基本原理明确了社会保障基金需要通过国民收入的分配与再分配来建立。马克思在《哥达纲领批判》中指出社会产品在分配给劳动者个人时应扣除以下几项：第一，用来补偿消费掉的生产资料部分；第二，用来扩大生产的追加的部分；第三，用来偿付不幸事故、自然灾害等的后备基金或保险基金。剩下来的社会总产品中的其他部分是用来作为消费资料的。在把这部分进行个人分配之前，还得从中扣除几项：第一，和生产没有关系的一般管理费用；第二，用来满足共同需要的部分，如学校、保险设施等；第三，为丧失劳动能力的人设定的基金，如官办济贫事业。马克思在《资本论》中也曾论述过社会保障基金的必要性：可变资本在再生产过程中，从物质方面来看，总是处

在各种会使它遭受到损失的意外和危险中。因此，利润的一部分，即剩余价值的一部分，必须充当保险基金。

关于"两种生产"的理论马克思和恩格斯多有论述。社会保障同物质资料再生产和劳动力再生产这两种生产有着密切的关系。物质生产是社会保障的经济基础。人口生产同社会保障也存在着重要联系。物质资料的生产是人类生存的首要条件。没有这个条件，不但人类无法生存，而且人类历史的发展无从谈起。物质生产是人类社会存在和发展的基础，是历史发展的终极因素。社会保障同人口生产也有密切关系。社会保障水平较高会使人口生产保持在一个合理水平，相反，社会保障如果不够完备会使人口生产失去控制。同时，社会保障对提高人口质量有积极作用。从社会保障的角度分析，提高人口质量主要表现在保证劳动力生产的质量，而要保证劳动力再生产的质量，就要增加对未来劳动力的投资，加强在职劳动者的教育培训。对于国家来说，其要求增加教育投资；对于家庭来讲，其要求建立社会保障制度。社会保障事业所需经费是巨大的，它应当通过多种渠道筹集。由于社会保障事业主要应当由国家承担，所以国家必须建立相应的社会保障基金。从实践看，社会保障基金需要通过国民收入的分配建立起来，并且在国家预算中做出相应的安排。

社会保障基金在国民收入的初次分配和再分配中都占有一定比重，就其主要部分而言，该基金属于社会消费基金的组成部分。国家通过国民收入的分配和再分配用以调节社会成员的收入，保障最低生活需要，缩小贫富差距，减少社会不平等，促进社会经济的协调发展和良性运行。

1912年俄国社会民主党第六次"布拉格"全国代表会议上指出："最好的工人保险形式是国家保险，这种保险是根据下列原则建立的：①工人在下列一切场合（伤残、疾病、年老、残废；女工怀孕和生育；养育者死后所遗寡妇和孤儿的抚恤）丧失劳动能力，或因失业失掉工资时国家保险都要给工人以保障；②保险要包括一切雇佣劳动者及其家属；③对一切被保险者都要按照补助全部工资的原则给予补助，同时一切保险费都由企业和国家负担；④各种保险都由统一的保险组织办理；这种组织应按区域或被保险者完全自理的原则建立。"这个系统包含了社会主义社会保障制度的主要内容：第一，保障项目。社会主义保障具有保障范围广、项目多的特点。除了包括工伤保险、医疗保险、养老保险、失业保险，还有残疾人以及寡妇孤儿所设的各种救济项目。第二，享受对象。包括一切的雇佣劳动者及其家属，不分劳动者的身份和企业性质的区别，只要符合条件，都可以享受国家规定的各种保障，这体现了人民当家作主、享有平等权利的社会主义优越性。第三，支付标准。津贴支付以劳动者的全部工资为基础，按照补助全部工资的原则发放，以保障劳动者的基本生活。第四，基金来源。保险费由企业主和国家两方负担，劳动者个人无须交纳保险费。第五，管理机构。由国家建立统一的保险机构管理各种保险业务，以便各项保险基金的统筹安排，同时可以防止多头管理、政出多门、互相扯皮的官僚现象，从而减少保险成本。列宁的思想表明，社会保障在实施与组织管理中的社会性与广泛性决定了必须要由国家出面以立法的形式将其固定下来，并通过强制措施来实施，为公民营造一个安全网。

关于社会主义社会的社会保障问题，列宁的基本思想是"保证社会全体成员的充分福利和自由的全面发展"。他强调国家的责任，认为举办社会保障是一项政府行为，是国家义不容辞的责任，任何个人或团体都难以而且无法替代。十月革命胜利后，列宁亲自签署和审批了 100 条有关社会保障的法令，并将最初成立的人民救济委员会改为社会保障人民委员会，通过政府立法与政府行为来实施社会保障。1917 年 1 月 14 日苏维埃政府发布公报，宣告新的保险制度毫无例外地扩大到所有工人与城乡贫民，适用于各种丧失劳动能力的人（患病、残废、年老、产期）以及鳏寡孤独和失业者，全部保险费用完全由企业主承担，在失业和丧失劳动能力期间偿付全部工资；保险者在一切保险机构享有自治的权利。1917 年 12 月，苏维埃政府又批准和实施失业保险和疾病保险细则。1918 年 11 月，人民委员会又在《关于俄罗斯共和国建立保险事业》的法令中宣布对各种类型和形式的保险事业实行国家垄断。后来又相继开展国家财产保险、个人保险。到 1922 年底，逐步形成一种全新的、以国家保险为主、各阶层群众广泛享受的社会保险制度。①

① 凌文豪:《列宁社会保障思想论析》,《平顶山学院学报》2008 年第 3 期，第 7—9 页。

第二章　养老保险流动性损失：交易费用的分析框架

第一节　养老保险制度及其对劳动力流动的影响

一、养老保险制度的产生、意义及原则

（一）养老保险制度的产生

人们在老年阶段会普遍遭遇到一系列的风险，这些风险大致如下：年轻时储蓄额不多，而年老时存活年限超出自我预期，导致入不敷出，生活难以为继；或者虽然有储蓄，但是由于通货膨胀、物价上涨、货币贬值等，无法维持基本生活需要。而养老保险正是人们应对年老风险的一种风险化解机制。养老保险制度是与工业化相伴而生的：在传统的农业社会，人们应对老年风险的主要方式是家庭，通过家庭为老年生活提供保障；进入工业社会后，家庭的养老保障功能弱化，疾病、失业和养老问题导致劳资双方的矛盾日趋激烈。为了缓解阶级矛盾，德国俾斯麦政府于1889年颁布了《老年和残疾社会保险法》，这部法律的出台标志着现代养老保险制度的建立。目前，全世界已经有160多个国家建立了养老保险制度。

（二）养老保险制度的意义

首先，养老保险制度是社会发展不可或缺的内容。无论在历史上还是在当下生活中乃至未来，社会的发展都离不开老年人。老年人在体力和脑力方面虽然有所衰退，但他们丰富的社会经验和前半生的知识积累都会对子代及孙代产生深远影响。在社会化大生产的今天，老年人对社会的物质文明和精神文明仍具有不可替代的作用。通过养老保险制度保障老年人退休后的基本生活是老年人的需要，更是社会发展的需要。其次，养老保险制度体现了人

类的文明与进步。与茹毛饮血的原始人不同，现代社会为年老体衰丧失劳动能力的社会成员提供基本的生活保障，使其老有所养，这充分体现了人类社会的文明与进步。劳动者在有劳动能力的时候为国家和社会做出了应有的贡献，维系和推动了社会的发展，当他们退休后理应得到社会的尊重，并由国家和社会为其提供基本的生存保障。再次，养老保险是应对人口老龄化的有效手段。人口老龄化对于一个国家而言意味着有超过10%的老年人口需要家庭和社会的供养。养老保险制度能够保障老年人的基本生活需求，缓解老龄化对社会造成的压力，保障社会和谐和稳定。最后，养老保险能够消除在职劳动者对远期养老的担忧。养老保险待遇的领取以缴费为前提条件，且与缴费多少有一定关联，即多缴多得，这能够消除在职劳动者对养老的担忧，并激励他们努力工作，积极缴纳养老保险费。

（三）养老保险制度的原则

养老保险制度最重要的三个原则是公平原则、适度保障原则和效率原则。

公平原则体现在两个方面：一方面，养老保险由政府提供，政府建立养老保险的目标主要是防范老年风险，维护社会稳定和经济发展，因此养老保险具有准公共物品的性质，应当遵循公平的原则，使全体劳动者都能够公平地享有养老保险。另一方面，公平是指养老保险通过收入再分配的方式促进代际公平和代内公平。在现收现付制下，国家通过对年轻人征税的方式让年轻人为退休的老年人提供养老金，以此实现代际收入再分配，保证了代际之间的公平。在基金积累制下，国家通过强制储蓄的方式将劳动者年轻时候的一部分收入用于积累并投资，等退休时再拿出来使用，这是对劳动者个人收入的再分配。

适度保障原则是指养老保险制度能够使劳动者在退休后还能够维持基本的生活，安度晚年。未来总是不确定的，不确定就存在风险，而风险让人恐惧和不安，尤其是可以预见的老年阶段，随着年龄的增长和生理结构的改变，老年阶段的医疗支出远远超过其他年龄阶段，这使老年人更容易陷入贫困。通过养老保险制度能够解除年轻人的后顾之忧，使年轻人能够安心地投入工作，这有助于社会的安定。适度保障可以通过养老金替代率来体现。

效率原则是指养老保险制度运行符合低成本高效率的要求。这里的成本包括经济成本和社会成本。养老保险的效率原则要以公平原则为前提，公平是根本，丧失了公平的效率是没有意义的。只有以公平为基础进行的改革，才是符合养老保险的价值目标的，才能真正起到降低制度成本，提高效率的作用。

二、养老保险制度的一般特征及个性特征

养老保险制度作为社会保险制度的一种，具有社会保险制度的一般特征，如强制性、互济性和普遍性。强制性是指养老保险是由国家法律保障实施，劳动者个人和企业必须依法按时缴费，在未达到退休年龄前，不允许退保，以保障劳动者退休后能够享有养老保险待遇。互济性是指养老保险的资金是由国家、企业和劳动者个人三方共担，符合大数法则，能够实现广泛的互济。普遍性是指养老保险制度覆盖的范围广，所有符合法律规定的劳动者都享有养老保险。

除上述特征外，养老保险还具有不同于其他社会保险项目的个性特征：

首先，养老保险的参保与待遇享受具有一致性。社会保险的其他项目如医疗保险、工伤和生育保险的参保人也可能享受不到相应的待遇，但养老保险的参保人是最普遍、最完整和最确定的。每个人都会进入老年阶段，都面临养老问题，只要参保缴费，并达到待遇领取要求，人人都能够享受养老金。

其次，养老保险具有缴费与享受期限两个长期性。一是参加养老保险缴费是长期的。劳动者在建立养老保险关系后就开始缴费，直到他退出劳动力队伍为止。我国规定最低缴费年限是 15 年。二是养老保险待遇的享受期限是长期的。参保人获得养老金待遇后可以长期享受养老金待遇直到生命终结。随着人类平均寿命的不断增长，退休后还能领取待遇最少十几年。

最后，养老保险具有收入再分配效应。收入再分配效应是指养老保险促使财富在同一代人不同收入人群之间或代际之间转移的效应。在现收现付制模式下，正在工作的一代人缴费来支付已经退休的一代人的养老金，体现了代际间再分配效应；而在基金积累制模式下，个人为自己积累养老基金，一方面是对本人整个生命周期进行的财富再分配，另一方面政府也可以通过征税或者补贴在富人与穷人之间实现收入再分配，形成财富代内转移效应。

三、劳动力流动与养老保险制度的关系

（一）养老保险关系承载着养老保险权益

养老保险权益是一项基本人权，它是指公民在达到法定退休年龄时，从国家或社会获得物质保障和服务，以维持其基本生活水平的权利。一般而

言，个人获得养老保险权益是有前提条件的：一是达到法定年龄，二是连续缴费达到法定年限。养老保险权益属于社会保障权的范畴。早在1948年，联合国通过的《世界人权宣言》就将社会保障权列为一项基本人权。社会保障权是一项普遍性的权利，也就是说作为权利主体，每一位公民无论是否参加劳动、居住地在哪里、是什么样的社会身份，都能够平等地享有社会保障权。国家和社会是社会保障权的义务主体，承担公民的社会保障责任。养老保险权是社会保障权中的一项内容，主要指公民在达到法定退休年龄时，从国家或社会获得物质保障和服务，以维持其基本生活水平的权利。养老保险权有以下两个特点：第一，养老保险权具有平等性。作为一项基本人权，养老保险权是每个公民主体普遍享有的权利，它体现了公民在法律上一律平等的原则。第二，养老保险权具有权利主体的不可转让性和义务主体的特定性。养老保险权是一种人身权，其权利主体是公民个人，与公民个人的生存需要直接相关，与其人身不可分离，受益人也只能是公民本人，公民本人不能将这项权益转让给他人，他人也无权接受这种转让。养老保险权的义务主体是国家和社会，在符合法定条件的前提下，公民有权依法要求国家或社会为其提供物质保障和社会服务，以保证其老年阶段的生活需要。养老保险权的这两个特点决定了国家应当确保公民的养老保险权不受损害，无论公民个人的身份、职业、工作地点有怎样的改变，当其达到法定年龄时，都应当平等地享有养老保险权。换句话说，公民个人的养老保险权益不会因其身份、职业、工作地点的转变而受到任何损失。

养老保险关系的成立是为了保护参保人的养老保险权益，从而满足参保人在达到法定退休年龄后的基本生活需要，它代表了参保人的一项利益。养老保险关系是指劳动者参加基本养老保险，并按照规定履行缴费义务，直至缴满规定的年限并达到法定退休年龄时，能够获得的资金和服务的整个过程中，个人与企业和政府形成的权利与义务关系。养老保险关系是养老保险权益存在的前提，只有养老保险关系完整地反映劳动者个人的参保缴费信息，劳动者才能够在达到缴费年限后，在退休时获得相应的养老保险权益。如果养老保险关系中断或者解除，劳动者就无法证明自己履行了缴费义务，也无法证明缴费年限等信息，自然也就无法享受养老保险待遇。可以说，养老保险关系承载着养老保险权益。

（二）劳动力流动要求养老保险制度具备可携性

劳动力流动的目的是获得更高的预期收益，而养老保险是一项远期的收益，并且养老保险对劳动者个人而言非常重要，关系到劳动者个人老年阶段的生活质量，因此养老保险关系能否随同劳动者的流动而转移会直接影响劳动者的流动决策。劳动力流动是劳动力市场上的一种常态，劳动力跨职业、跨区域甚至跨国流动的数量和规模都是当代经济社会发展的要求，劳动力流动要求养老保险关系能够携带方便，并且顺利实现转移接续，从而维护劳动者的养老保险权益。养老保险具有缴费和待遇享受两个长期性，随着人类寿命的提高，这两个长期性还将会继续延长，其要求养老保险应该具备随着劳动者的流动而转移的特性，同时要求养老权益记录准确、全面，以保障劳动者的养老权益完好无缺。因此，劳动力流动就业过程中要实现养老保险权益就要求养老保险应具有可携性。如果养老保险不具备可携性或者可携性差，那么劳动者就可能遭遇缴费中断，退休时缴费年限不够而无法享受退休金或者陷入待遇享受中断的困境。

（三）养老保险制度可携性差对劳动力流动造成的影响

养老保险制度可携性差对劳动力流动造成的影响主要有以下几点：

第一，造成劳动者个人养老保险权益损失。养老保险制度的可携性的优劣决定了劳动者在流动过程中养老保险权益损失的多少。如果一个国家的基本养老保险是全国统一的，制度统一、费率统一、机构统一、统一计发，并且实现了信息化管理，无论在哪里，只要在信息库一查询，就能够得到具体翔实的缴费信息。这样一来，养老保险关系转移就非常简单，参保人无论在哪里，无论身份、职业，其缴费都能够在指定地点完成。个人不会因为社会流动而损失养老权益，这样的养老保险关系就对社会劳动力流动有促进作用。相反，如果一个国家内各地区及不同阶层的养老保险制度都有所不同，各区域和不同阶层之间养老保险关系又没有转移的接口，那么就会给劳动力流动造成阻碍，形成流动壁垒。对于不得已流动的劳动者来说，若因养老保险可携性差导致个人身份、职业、工作地点发生转变后无法继续履行养老保险缴费义务，或之前的缴费和工作年限无法累计，则会遭受由此带来的养老保险流动性损失，积累的养老保险权益难以得到保障，甚至当期和远期的养老保险权益也会损失，这就有悖于养老保险设计的初衷。

第二，阻碍劳动力合理流动。劳动力合理流动不仅能够促进个人劳动能力的提高，还有利于个人增加收入，提高生活质量，甚至在一定程度上缩小区域间经济差距，促进劳动力市场均衡。劳动力城乡流动、区域流动或者在不同的职业间自由流动是劳动者个人的权利，也体现了人与人之间劳动机会的平等。然而，养老保险流动性损失会造成劳动者养老保险权益受损。为了降低养老保险流动性损失，即便有更好的职位和更高的收入，劳动者也会选择少流动，甚至不流动。这就不利于劳动者自我价值的实现，不利于个人收入和生活水平的提高。

第三，造成劳动力市场活力不足，配置低效。从狭义的角度来说，劳动力市场是指劳动力交换的场所；从广义的角度来说，劳动力市场是以市场机制为主要方式对劳动力资源实施配置和调节的一种经济关系。劳动力供给、劳动力需求和价格是构成劳动力市场的三个基本要素。劳动力市场与养老保险之间的关系非常密切，养老保险基金的积累来自劳动者的缴费，这就为养老保险制度运行和发展提供了物质基础。反过来，养老保险制度也会直接影响劳动力市场的稳定和发展。设计完善和运转良好的养老保险制度能够发挥积极的保障作用，解除劳动者的后顾之忧，提高劳动力市场活力。而养老保险制度碎片化和区域分割带来的流动性损失增加了劳动者流动的成本，降低了劳动者的流动意愿，导致劳动力市场活力不足，极易造成某些地区或行业存在劳动力缺口与另一些地区或行业存在劳动力剩余并存的现象，一旦劳动力供给与需求失衡，劳动力市场的资源配置效率就会降低。

第四，不利于经济发展与社会和谐。生产要素的自由流动是经济发展的前提，而作为特殊的生产要素，劳动力要素是否能够自由流动和公平流动对经济发展会产生更为重要的影响。养老保险流动性损失的存在体现了养老保险制度设计与运行中存在的缺陷，这是一种人为的政策因素造成的权益损失。这种损失造成劳动者个人流动困难，致使劳动力无法合理流动。不同地区间存在着劳动力市场分割、地区间的工资水平差异无法缩小的问题，由此出现结构性失业，导致劳动力资源无法实现有效配置，部门之间、行业之间和地区之间的收入差距增大，经济发展不平衡。养老保险流动性损失是政策因素造成的公平和效率的损失，是一种人为的不平等，这种不平等易造成收入差距过大，出现社会两极分化，严重影响社会稳定，不利于社会和谐。此外，和谐社会的本质是以人为本，让人得到全面发展，而养老保险流动性损失的存在使劳动者无法自由流动，阻碍了劳动者自我发展和自我完善的机会。

第二节　基于交易费用的一个分析框架

一、养老保险制度的契约属性分析

（一）养老保险是一种特殊的契约

威廉姆森认为任何能够直接或者间接地作为契约形式的问题都可以从降低交易费用的角度进行考察。保险本身是一种契约，投保人向保险公司支付了保险费，就会获得保险公司的一个承诺：如果潜在的风险确实造成了损失，那么投保人将会获得经济赔偿。更确切地说，投保人购买了一种经济保障。保险人收到一笔钱，做出了应对风险的承诺，这个承诺的实质是一种保险产品。投保人和保险公司均有相应的权利和义务，投保人要履行缴纳保费的义务，同时有索赔的权利；保险公司有收取保险费的权利，但也有理赔的义务。通过签订保险契约，投保人只需承担相对较少的保险费，就将风险转移给了保险公司。而保险公司并不是单独承担风险的损失，它向所有投保人收取保费，通过风险分担，将不特定发生于某个投保人的风险损失分摊开。商业养老保险本身就是一份契约，保险公司参与合作的目的在于获得盈利，而参保人的目的是降低养老风险，获得保险金。这是一种纯粹的经济利益关系。

与商业养老保险不同，基本养老保险虽然也是一种保险契约，但其投保人是劳动者，保险人是政府。劳动者每月向政府缴费，在达到待遇领取条件后，由政府每月支付养老金保障劳动者的老年生活。劳动者获取养老金权益的前提是履行定期缴纳养老保险费的义务。

养老保险制度是一种格式化契约，也就是定式合同。国家为劳动者提供养老保险，并将其作为一种制度安排，以化解人们进入老年期可能遭遇的养老风险，保费的缴纳、待遇领取条件以及支付情况都是政府制定好的，并且向公众公布。劳动者作为投保人，无法与政府商定合同的条款，但与其他保险自愿参保不同，基本养老保险是国家强制实施的，劳动者必须参加。

既然基本养老保险可以看作一份契约，那么养老保险关系实际上也是一种合作关系的体现。合作是否能够达成取决于三点：一是存在可以预期的收益，促使参与人有达成合作的愿望；二是存在能够降低交易成本的制度安排；三是各方对契约约定的权利义务的遵守程度。个人、企业和政府是否能够达成合作，在于各自对合作成本及合作收益的考量。对于参保者个人而言，其成本为需要缴纳的养老保险费，而收益为规避老年风险，退休后能够得到养老保险金。对于企业而言，其成本为提供企业年金，而收益是员工的低流动率和员工的忠诚度。对于政府而言，其成本为中央政府和地方政府为养老金提供补贴，收益则是保障老年人基本生活需要和社会稳定与和谐。

（二）基本养老保险具有资产专用性

交易费用的存在与资产专用性有很大的关系，基本养老保险权益之所以受损，与其专用性强有很大关系。威廉姆森认为资产专用性是一种耐久性的投资，它能够支撑交易的进行。专用地点、专用实物资产、专用性人力资本以及用途特殊的资产是资产专用性的四种类型。交易过程未完成就由于某种原因终止，而已经投入的专用性资产部分甚至全部都将无法转为其他的用途，最终造成损失。因此，契约关系的连续性至关重要。如果契约关系中一方采取机会主义行为导致契约无法继续，那么契约终止将使投入专用性资产的契约方遭受巨大的损失。由于养老保险是针对老年风险的投资，在退休后达到条件才能申领养老金，所以在此之前，劳动者和雇主都要按规定缴费。从这个意义上看，养老保险金是一种专用性资产。

养老保险的专用性程度受到养老保险制度规定的制约。按照筹资模式划分，养老保险制度可分为完全基金积累制、现收现付制和部分积累制三种模式。其中，完全基金积累制是国家对个人实施长期的强制储蓄的一种养老保险模式。它是对劳动者一生的收入进行再分配的模式，通过为劳动者建立个人账户，将企业和个人缴费汇入账户中，到年老的时候由积累的个人账户基金支付养老金。这种模式下的养老保险就是一份强制储蓄，劳动者流动到哪里，这份基金就可以携带到哪里，因此可携性很强。在这种模式下，不存在养老保险关系转移问题。现收现付制是年轻一代的劳动者缴费来供养退休一代的劳动者获取养老金待遇的一种制度安排。在这种模式下，劳动者当期的缴费已经转换成退休者的养老金，而当劳动者退休后又由后来的年轻劳动者为其提供养老金。

我国目前实施的是第三种模式，也就是部分积累制。部分积累制结合了现收现付制和完全基金积累制各自的优点，通过统筹基金部分实行现收现付制，而对个人账户部分实行基金积累。在这种情况下，劳动力流动时，个人账户部分的携带没有问题，而统筹基金部分不具备可携性，这就导致劳动者在流动时会面临统筹基金部分相对应的养老保险权益损失问题。

（三）养老保险各交易主体是契约人

养老保险是一种契约，养老保险中各交易主体是一种契约关系。养老保险各交易主体呈现出契约人的特性，各交易主体都是有限理性和机会主义的。劳动力流动中养老保险关系转移涉及的交易主体包括劳动者、雇主和政府。

劳动者个人的有限理性与机会主义。有限理性的概念最先是由阿罗提出的，他认为自然人的行为是有意识的理性行为，而自然人的这种理性又是有限的。一方面，有限理性是由于环境复杂性造成的，人们无法获得全部的信息，并预见所有不确定的因素，在信息不完全的条件下，自然无法达到完全理性；另一方面，人的认知能力有限，即便人们能够获得很多信息，但是也不可能正确地甄别全部信息，进行正确的判断。基于此，人类是有限理性的。劳动者个人作为自然人，具备人类有限理性的特点，在参与养老保险时，其目的是获得养老保险权益，以化解自己的老年风险。但养老保险具有参保时间长的特点，从劳动者参保缴费开始，要连续缴费超过 15 年，才能在退休后获得养老金。而在这漫长的 15 年中，有许多不可预见的因素影响劳动者参保缴费，从而影响劳动者最后获得养老保险权益，如劳动者可能更换工作地点、职业，或者丧失工作能力，其对未来的情景无法预计，也无从应对。从这一角度上讲，劳动者是有限理性的。与此同时，受劳动者知识水平、理解能力的影响，劳动者对现行养老保险制度的认知程度也是有限的，这会直接影响劳动者的决策，使劳动者可能做出不利于自身的决定。如因为不了解养老保险政策而盲目退保，或者中断缴费的行为，从而导致养老保险权益的丧失，这都表现出劳动者的有限理性。劳动者为了维护自身利益，使自己的养老保险权益最大化，也会采取机会主义行为，甚至产生道德风险。例如劳动者为了主观上获得养老保险权益最大化，可能采取参加多重养老保险，以期在退休后获得多份养老金待遇，也可能通过修改年龄等形式提前退休，提前获得养老金待遇。有些极端的情况是劳动者主观上认为退保能够提前获得部分养老金，因此采取退保的行为获得现金，或者认为养老保险并不能起到养老保障的作用，干脆中断缴费，将自己当前的支出降到最低。

政府的有限理性与机会主义。政府作为一个非营利性组织，是一个追求社会利益、公众利益和自身利益的利益集合体。在这个过程中，受到利益集团内部利益博弈结果的影响，其决策也有可能偏向追求某一利益而忽略其他利益，因而呈现出有限理性和机会主义的特点。政府的有限理性体现在政府目标的不确定性上。从理论上讲，政府一旦制定了总体的政策目标，就应当能够完全实现，但这是以政府的完全理性为前提的。在现实中，政府虽然制定了一个总的政策目标，但是目标达成的过程中会受到许多因素的制约，如受不同利益集团的影响，政府无法权衡不同利益集团的目标价值和偏好，进而难以通过明确的目标来安排政府的行为。另外，受到养老保险关系中各利益集团的影响，政府的政策目标之间往往存在竞争。中央政府本来的政策初衷是维护劳动者的养老保险权益，促进养老保险的可携性，以体现政府维护公共利益的职责。而促进地方政府的和谐与发展，平衡地方政府间的利益，优化中央与地方政府之间的关系，也是中央政府的政策目标。但这两个目标存在着竞争，中央政府难以完全预测各种选择的结果。

政府的机会主义可以从委托代理的角度分析，这里的政府包括中央政府和地方政府。在养老保险关系中，中央政府和地方政府之间、政府和劳动者之间都是委托代理关系。中央政府既是委托人又是代理人，具有双重身份：相对于地方政府而言，中央政府是委托人，委托地方政府履行自己的养老保险责任，包括给劳动者提供具体的经办服务、承担养老保险的兜底责任等。相对于劳动者而言，中央政府是代理人，劳动者是委托人，劳动者委托中央政府提供化解老年风险、保障老年生活的职责。与此同时，中央政府和地方政府具有双重人格，就中央政府而言：一方面，它是公共利益的唯一法定代表；另一方面，作为最高管理者，它也具有自身的特殊利益，如增加财政收入、平衡与地方政府的关系等。对于地方政府来说，除了代表地方利益维护本地劳动者的利益外，地方政府作为本地的最高管理者也有自身的特殊利益，包括增加本级政府的地方财政收入、拥有更多的管理权限等。由于中央政府和地方政府都有其作为最高管理者的特殊利益，所以在制定有关养老保险政策时，其往往会从维护自身利益的角度出发，过多地考虑自身利益最大化，从而忽略了劳动者的利益，使制度安排有失公平，又缺乏效率。

雇主的道德风险和逆向选择。劳动力流动中养老保险关系是否能够携带从表面上看与雇主没有直接的关系，但是由于养老保险统筹部分的缴费主要由雇主的缴费形成，雇主是养老保险责任的直接承担者和间接受益者，所以雇主也会对养老保险关系的携带产生影响。雇主雇佣劳动者的目的是获得利润，因此雇主无疑是追求利润最大化的。对于大企业而言，可以通过替雇员缴纳养老金的方法留住员工，降低员工流动率，而对处于创业阶段的小企业或者不具远见的雇主而言，给员工缴纳社会保险金本身就是很大的负担，且养老保险费是一笔不小的支出，如果能够节省这笔支出，那么就相当于降低了成本增加了收益。地方政府有督促和监督本地雇主为雇员缴纳养老保险的责任和义务，但前提是雇主缴纳的保险费能够进入本地的统筹账户，并且由本地政府管理。如果政策本身导致地方政府对统筹基金的管理和使用权限受到制约，那么地方政府就会缺乏监管雇主的积极性。一旦处于信息不对称和监管不严格的环境下，雇主显然会通过变相减少工资总额、减少正式雇员等形式少缴费用。

二、养老保险流动性损失是制度的交易费用

养老保险关系转移制度是因劳动力流动而产生的，因为劳动力流动需要养老保险关系的转移接续。但如其他制度一样，该制度的运行也不是平滑的，而是存在摩擦的，这种摩擦可以看作养老保险关系转移的成本。在我国当前养老保险制度体系下，由于养老保险可携性差，劳动力流动面临着养老保险的流动性困境，劳动者在更换工作地点或职业时交易成本过高，这些交易成本综合起来就是养老保险权益的损失，也称养老保险流动性损失。劳动者在流动过程中可能承担的养老保险损失包括以下几类：

（1）信息成本。信息成本是指搜寻商品信息、取得交易对象信息以及和交易对象进行信息交换所需的成本。在养老保险关系转移中，交易主体搜寻和了解有关养老保险关系转移的各种政策及情况的成本就是信息成本。

（2）谈判成本。谈判成本是指在交易前、交易中或交易后，针对契约、价格、品质等讨价还价的成本。在养老保险关系转移中，交易主体针对养老保险关系转移制度及具体实施方案和流程的各种讨价还价的成本是谈判成本。

（3）排他成本。排他成本是指为了排斥其他人消费某种产品或享受某种利益而产生的成本。在养老保险关系转移中，交易主体为了排斥其他主体享受养老保险关系转移收益而产生的成本是排他成本。

（4）防范成本。防范成本是指为防止或防范可能的不利因素对交易产生负面影响而投入的成本。在养老保险关系转移中，交易主体为了自身利益可能采取不利于其他主体的行动，各交易主体为了防范他人采取不利于自身的行动而投入的成本是防范成本。

（5）沉没成本，也称沉落成本。沉没成本就是过去的决策所产生的，现在或将来的决策都无法改变的成本，简言之，就是已经付出且无法收回的成本。在养老保险关系转移中，交易主体付出的因制度原因而不能收回的各种

成本是沉没成本。

三、养老保险流动性损失体现制度安排的优劣

交易费用的要素基础是"制度"，因此交易费用可以看作使用制度要素的代价。养老保险制度作为一种化解养老风险的制度安排，是国家的安全网和减震器，对于一国经济的稳定和发展具有非常重要的作用。在一定程度上，养老保险制度不仅代表了一种社会关系，还是一种经济关系的表现。虽然养老保险制度的设计与运行都是以保障覆盖人的老年生活为目标的，但是这并不意味着制度安排一定能够达到制度最初所设定的目标。原因正如上文中讨论过的，养老保险可以看作一种契约关系。在契约关系中，由于政府、劳动者个人及雇主等契约人都是有限理性和机会主义的，因此交易活动变得更加复杂化，并且很可能出现制度不均衡，由此造成某一方交易主体的交易损失过高。养老保险流动性损失就是劳动者所承担的交易费用，它能够从交易费用的高低和制度是否均衡来体现制度安排的优劣。从交易费用的角度看，当劳动者流动就业时，不存在养老保险流动性损失，或者说养老保险流动性损失很小，小到可以被劳动者所忽略。那么就可以认为，劳动者流动时，支付的有关养老保险的交易费用很小，也就是说养老保险制度安排为优。反之，当劳动者流动就业时，所承担的有关养老保险的交易费用高，也就是说养老保险流动性损失过大，甚至已经成为制约劳动力流动的阻碍因素，那么就可以认为，养老保险制度安排为劣，这样的制度安排可能不符合原来设定的制度目标，甚至有悖于制度安排的初衷。从制度均衡的角度看，养老保险制度既有保险的性质，又是一种公共社会安全计划，会直接影响劳动者对劳动资源配置的风险。养老保险作为一种正式的制度安排，政府是制度安排的主体，政府通过制度安排约束参保人的行动和关系。雇主和劳动者作为投保人，一方面不得不接受制度安排，另一方面通过各种方式对制度安排提出新的要求。养老保险各交易主体都是有限理性和机会主义的，在利益博弈过程中，会出现均衡与非均衡之分。养老保险制度处于均衡状态，说明养老保险制度的供给能够满足养老保险参与人对制度的需求，符合参与人各方的意愿，使参与人各方处于相互协调的状态，各参与人都能够通过养老保险制度满足自己的利益诉求。而一旦养老保险制度的供给不能满足参与人对养老保险的需求，或者使某一参与人的利益受损，现有的均衡状态就会被打破，养老保险制度也就会处于一种非均衡的状态。就劳动力流动而言，若劳动者在流动时的养老保险流动性损失过高，则说明养老保险制度不能满足劳

动者流动的需求，并使劳动者的养老保险权益受损，如此养老保险制度的均衡状态就会被打破。

第三节　我国劳动力流动及其养老保险流动性损失现状

一、我国劳动力流动的现状和趋势

（一）我国劳动力流动的规模

劳动人口数量是一国内有劳动能力且达到法定劳动年龄的人口数，忽略其中丧失劳动能力的人数，劳动人口总数能够大致反映一国劳动力资源存量现状。各国根据本国国情对劳动人口数量的计算各自有别，我国对劳动人口的计算是按照 15 ～ 59 岁人口计算的。2021 年 5 月 11 日国务院新闻发布会公布了第七次全国人口普查的结果。数据显示，全国的劳动人口总数为 8.9 亿，占总人口的 63.35%，与 2010 年的第六次人口普查相比，下降了 6.79%。

在劳动力人口中，有一部分人离开自己的户籍所在地，因工作、生活而迁移到异地居住，成为流动人口。在市场机制的作用下，劳动力作为一种生产要素从经济欠发达的地区向经济发达地区流动是一种必然。劳动力从农业向非农产业流动是世界上所有国家工业化和城镇化进程中的普遍规律与趋势，尤其在我国典型的二元经济结构模式下，劳动力大规模流动是社会经济发展不可避免的一个现象。随着生产力和生产方式的发展，原本束缚在土地上的大量劳动力被解放出来，而工业化和城镇化过程中需要大量的劳动力，这就使劳动力必然由农村向城市流动。改革开放后，我国对于农民工流动问题由谨慎到逐步放开。20 世纪 90 年代我国在政策层面上开始鼓励农民到城市务工。劳动力的流动增加了农民的收入，促进了经济社会的发展，由此带来了更多的就业机会，进而扩大了劳动力流动的规模，也使我国成为世界上流动人口最多的国家。据国家统计局公布的第七次全国人口普查数据显示，2021 年，全国人口为 14.12 亿，其中流动人口为 3.76 亿，与 2010 年相比增加了 62%，流动人口规模大大增加。

（二）我国劳动力流动的方向性特点

第一，劳动力继续从农村向城镇流动。在二元经济结构模式下，城乡劳动力市场分割，劳动力从农村向城市大规模转移，这是所有国家工业化、现代化和城市化进程中都要经历的阶段。中国的劳动力流动始于 1978 年初。由于家庭联产承包责任制的实行，大量农村剩余劳动力开始到城市务工，形成了"农民工"群体，但这一时期劳动力流动的规模并不大。1982 年第三次人口普查数据显示，农村转移出来的劳动力仅为 200 万人。[①] 1992 年后，乡镇企业得到了大力发展，出现了农村劳动力流向乡镇企业的高潮。此后的几年中，农村向城市流动人口总数每年都在增加，在 2004 年首次超过了 1 亿。至 2012 年，我国流动人口中约有 80% 的都是农村户籍人口，约为 1.84 亿人。第七次全国人口普查数据显示，2020 年，我国从农村流向城镇的人口为 2.49 亿，跨省流动人口为 1.25 亿。

第二，劳动力继续自中西部地区向东部发达省份流动。我国劳动力传统的流向一直是自中西部向东部流动，这与我国东西部经济发展差距有着直接的关系。由于我国改革开放是先从东部沿海地区开始的，所以东部地区在很短的时间内迅速发展起来，其发展程度远远超过中西部。经过改革开放几十年的发展，东部地区形成了密集的产业集群，企业规模大，数量多，就业岗位丰富，对劳动力的需求大。而中西部地区处于内陆，信息相对闭塞，经济发展相对落后，人口密度很大，这就形成了劳动力自中西部地区向东部沿海地区流动的趋势。根据 2021 年国家第七次人口普查数据，东部地区尤其是沿海地区在劳动力流动的方向选择上仍然占绝对优势。从人口地区分布来看，东部、中部、西部和东北地区的人口占比分别为 39.93%、25.83%、27.12% 和 6.98%。从流动情况看，与 2010 年相比，东部、西部地区人口所占比重分别上升 2.15 个和 0.22 个百分点，中部、东北地区人口所占比重则分别下降 0.79 个和 1.20 个百分点。目前，东部与中西部的经济差距有逐渐缩小的趋势，但经济发展是需要长时间积累的，因此劳动力自中西部向东部流动的趋势在短时间内不会改变。

第三，劳动力流动中的"回流"现象。自西向东流动是我国劳动力流动的趋势，但随着经济的发展，我国出现了劳动力大规模返回家乡就业的"回流"现象。2008 年，我国劳动力开始呈现出从东部沿海的大城市向中西部的中小城市及农村回流的现象。[②] 随着西部大开发、中部崛起和东北老工业基地的复苏，这些以往的劳动力输出地对劳动力的需求开始增加，同时东部

---

① 赵树凯：《中国农村劳动力流动与城市就业》，《当代亚太》1998 年第 7 期，第 36—40 页。
② 韩淑娟、马瑜：《转型期劳动力回流问题研究》，《经济问题》2013 年第 5 期，第 61—65 页。

发达地区高房价、高生活成本和工资优势的丧失使劳动密集型产业开始从沿海地区向内陆城市转移，中西部以其更低的成本吸引了大型制造业企业集聚，逐渐成为承接产业链转移的地区。随着大量劳动密集型和资源加工型工业的内移，中西部地区劳务输出大省的省内劳动力需求会增加，而这也将吸引更多的劳动力返回本省就业。

（三）新生代农民工倾向定居城市

在流动人口中，青壮年劳动力通常能获得更高的工资收入和更多的就业机会，因此也成为流动人口的主力军，被称为新生代流动人口。2011年新生代流动人口占流动人口总量的近50%，到2012年新生代流动人口已经超过了流动人口总量的50%。新生代流动人口中超过80%都来自农村，因此他们也被称为新生代农民工。与上一代流动人口相比，新生代农民工有一些新的特点：首先，新生代农民工受教育程度更高，基本上都达到了高中教育水平；其次，新生代农民工年龄结构更加年轻，他们当中有75%的人20岁以前就已经开始外出打工；再次，新生代农民工对城市生活的适应性更强，与父辈叶落归根的思想不同，他们更希望能够融入城市，在城市定居，成为真正的市民。

（四）劳动力流动频率的变化趋势

劳动力流动频率最大的影响因素是年龄。一般而言，在整个生命周期中，青年阶段的流动频率最高，老年阶段的流动频率最低。除年龄外，性别也会影响劳动力流动，男性较女性流动率更高。被动流动的原因主要是就业歧视，包括对劳动者性别、户籍、工作经验、地域等的歧视。目前，我国劳动力流动率在全球范围内处于高位，流动率接近16%。流动率的高低在一定程度上体现就业质量，就业质量差才会导致流动。劳动者就业的稳定性差，劳动者对劳动报酬、工作环境和工作发展前景等都不满意，才会频繁流动，更换工作。流动率较高的行业主要集中在劳动密集型企业，如快递行业、餐饮业、建筑业等，这些行业工作岗位的替代性较强。一线员工以农民工为主，企业对员工的忠诚度考虑较少，不重视福利待遇，导致员工更倾向寻找工资高、生活成本低的岗位和地区，因此流动率很高。

农民工在每个岗位工作的平均持续的时间较短。据调查，约四分之一的农民工在近七个月内更换过工作，而如果时间范围扩大到2年，超过一半的农民工都更换过工作。尤其新生代农民工对工作的期望值较高，他们比父辈更追求生活品质，在选择工作时看重工作条件和自己的喜好，而自身吃苦耐劳的能力较父辈有所减弱。与此同时，由于可选择的工作岗位比以前有所增多，选择余地大，由此带来就业流动性高和短工化，也就是工作持续时间短。根据调查，新生代农民工职业流动频率是老一代的近6倍。除农民工外，刚毕业的大学生流动率也很高，高职毕业生离职率高于本科生，非"211"本科院校离职率高于"211"本科院校。这说明我国劳动力流动率很高，但流动主要以低层次水平流动为主，这种流动的主体自身素质偏低，基本属于较为弱势的群体。

（五）未来30年劳动力流动的趋势

第一，流动人口规模将继续扩大。城镇化过程必然伴随着人口大规模的持续流动。目前，我国城镇化水平正处于高速发展阶段，这一过程必然伴随劳动力从农村到城镇的大规模流动。

第二，流动人口增速逐步放缓。国家统计局的统计公报显示，2021年末我国劳动年龄人口（15～59岁）总数为8.9亿，较2011年末减少0.7亿。劳动年龄人口总量的下降意味着人口红利的拐点出现，农村剩余劳动力的总量也将下降，由此带来流动人口增速下降，预计今后流动人口增长量将由每年600万逐渐下降至每年300万左右。

第三，流动人口向东部沿海和沿江地区及中西部中心城市集聚。前两年受新冠肺炎疫情的影响，我国劳动力市场需求下降，导致劳动力流动放缓，劳动力开始从沿海向内陆省会城市集聚回流。但整体而言，东部沿海地区及主要交通枢纽所在省市仍然是我国综合竞争力最强的地区，无论是国民生产总值GDP还是城市规模，广东、浙江、江苏、福建等沿海、沿江省份在全国排名中都比较靠前，东部地区更多的就业机会、较好的生活环境、较高的教育水平等因素也都对劳动力形成吸引力，尤其是在吸引高素质的流动者时，东部沿海、沿江地区有更强的竞争力。因此，未来我国流动人口仍会以东部沿海连绵城市带为主，以中西部省会城市为集聚点进行流动。

第四，流动人口由生存型逐渐向更高层次的发展型转变。相较于上一代流动人口，新生代的流动人口拥有更高的文化水平，因此他们对职业的选择已不像上一代流动人口仅是满足生存的低层次需要。他们中许多人是在城市长大，与城市孩子并没有太大区别，他们的生长环境更为优越，进入社会后也更关注自身感受，因此在选择工作时，他们更看重工作环境和发展机会。与此同时，新生代流动人口由以往的个体劳动者流动转变为以家庭迁移为主。与上一代流动人口"钟摆式"的流动方式不同，新生代流动人口更倾向于在城市稳定下来，融入城市当中，让孩子可以接受城市的教育，也可以提升个人的幸福感。因此，家庭化流动将会成为未来劳动力流动的主要模式。

二、养老保险流动性损失现状

在我国现有的养老保险体系中，国务院于1997年颁布的《国务院关于建立统一的企业职工基本养老保险制度的决定》（国发〔1997〕26号）标志着我国统账结合的养老保险制度的正式确立。随着国家和政府的不断努力，我国的养老保险制度不断被完善。城镇职工养老保险制度不但解决了离退休人员基本生活保障问题，而且为年轻的劳动者解除了后顾之忧，在维护社会安定团结，促进经济发展方面发挥了积极的作用。然而，随着我国城市化进程的加速，大量劳动力从农村向城市流动，我国成为世界上流动人口最多的国家。劳动力的大规模流动带来了养老保险关系的转移问题，而现有的养老保险制度在一定程度上成为了劳动力流动的依据之一。为了解决这一问题，国务院于2009年末颁布了《城镇企业职工基本养老保险关系转移接续暂行办法》（国发〔2009〕66号）。该暂行办法被学术界誉为"新政"，因为它使城镇企业职工的基本养老保险关系在跨省流动就业时随同转移有了政策依据。学术界和劳动者尤其是农民工都期待从此能够实现"无论在哪干，养老保险接着算"的愿望。2017年人社部出台了《关于机关事业单位基本养老保险关系和职业年金转移接续有关问题的通知》（人社部规〔2017〕1号），明确了参保人员在同一统筹范围内的机关事业单位之间流动的，只转移基本养老保险关系，不转移基金。参保人员在机关事业单位养老保险制度内跨统筹范围流动的，在转移基本养老保险关系的同时，转移基金。参保人员从机关事业单位流动到企业的，在转移基本养老保险关系的同时，转移基金。2019年人社厅发布了《人力资源社会保障部办公厅关于职工基本养老保险关系转移接续有关问题的补充通知》，要求各级社会保险经办机构要统一使用全国社会保险关系转移系统办理养老保险关系转移接续业务、传递相关表单和文书，减少无谓证明材料。要提高线上经办业务能力，充分利用互联网、12333电话、手机App等为参保人员提供快速便捷服务，努力实现"最多跑一次"。然而，至2020年末，我国养老保险关系转移接续的情况并不乐观，劳动力的养老保险流动性损失现象依然存在。

（一）养老保险关系转移接续人次及占比偏低

2012 年至 2020 年，城镇企业职工基本养老保险参保职工人数不断增加，参保农民工人数不断增加，跨省转移人次占参保职工比重也不断增加。截至 2017 年，跨省转移人次在农民工中的占比为 2.51%。自 2018 年起，人力资源和社会保障部未继续统计农民工参保人数、跨省转移人次等数据，故本节根据以往数据对 2018—2020 年数据进行估算。

根据国家统计局发布的《2019 年农民工监测调查报告》，2019 年农民工总数为 2.9 亿人，2019 年年末在城镇居住的进城农民工 1.35 亿人，参保农民工估算值为 7 200 万人，全国共办理城镇职工养老保险关系跨省转移近 300 万人次，占到 2019 年年末在城镇居住农民工人数的 53%，跨省转移人次占到全部参保职工的 0.96%，跨省转移人次占参保农民工人次的 4.16%，办理城乡养老保险制度衔接 14.2 万人次。如表 2-1 所示。

表 2-1　2013—2020 年城镇职工基本养老保险转移情况一览表

年　份	参保职工人数 / 万人	参保农民工人数 / 万人	跨省转移人次 / 万人次	转移人次占参保职工比重 /%	转移人次占参保农民工比重 /%
2013 年	24 177	4 895	156	0.6	3.18
2014 年	25 531	5 472	181.6	0.7	3.31
2015 年	26 219	5 585	207.8	0.79	3.72
2016 年	27 826	5 940	200	0.7	3.36
2017 年	29 268	6 202	156	0.53	2.51
2018 年	30 104	6 700*	270.39	0.89	4.03*
2019 年	31 177	7 200*	300	0.96	4.16*
2020 年	32 859	7 500*	330*	1.00*	4.40*

备注：数据来源于中国社会保障学会网站（http://www.caoss.org.cn/sbzl.asp?id=18）。* 是估算值。

（二）申请转移和实际转移人数差异巨大

现行的城镇职工基本养老保险关系转移接续办法规定，劳动者在跨省流动前需要先到参保地的社保机构申请开具"养老保险参保缴费凭证"，待劳动者到新的就业地就业后，要向新参保地的社保机构提供相关的参保凭证，如此才能办理转接手续。按照这个流程，如果参保人的转移接续过程是顺畅的，那么原参保地开具的养老保险参保缴费凭证的数量应当大体等于从本地实际转出的人数。而当开具的参保缴费凭证数量远远超出本地的实际转出人数，便说明劳动者的养老保险关系转续办理不顺畅，养老保险关系转移接续的办理过程中出现了某种因素，导致劳动者的养老保险关系"卡"住了，无法顺利转出。相关数据如表 2-2 所示。

表 2-2　2010—2012 年基本养老保险关系转移接续情况一览表 [1]

年　份	开具参保缴费证份数	转续人次		转移资金/万元	在本地建立临时缴费账户
		合计	其中：农民工		
2010 年	1 139 065	287 517	96 725	333 256	199 061
2011 年	1 706 107	793 864	244 005	1 048 638	601 790
2012 年	1 628 773	1 146 738	304 735	1 785 724	413 997
合计	4 473 945	2 228 119	644 805	3 167 618	1 214 848

根据 2010—2012 年统计数据显示，2010 年全国开具养老保险缴费凭证数为 1 139 065 张，实际转移人次为 287 517，其中农民工转移人次为 96 725，农民工转移人次占总转移人次的 33%，根据实际转出率等于实际转出人数除以开具养老保险缴费凭证数这一计算公式，我国 2010 年基本养老保险关系实际转出率为 25%；2011 年全国开具养老保险缴费凭证数为 1 706 107 张，实际转移人次为 793 864，其中农民工转移人次为 244 005，农民工转移人次占总转移人次的 30.7%，2011 年全国基本养老保险关系实际转出率为 46.5%；2012 年全国开具养老保险缴费凭证数为 1 628 773 张，

---

[1] 钟心岩：《企业职工养老保险关系跨省转移情况分析》，《中国社会保障》2013 年第 3 期，第 28—29 页。

实际转移人次为 1 146 738，其中农民工转移人次为 304 735，农民工转移人次占总转移人次的 26.5%，2012 年全国基本养老保险关系实际转出率为 70.4%。以上数据表明，首先，这三年养老保险转出率有大幅度上升，说明在转移接续过程中的阻碍因素逐步被清除。随着 2010 年 11 月 25 日社保关系转移信息系统的开通，当年就有 9 个省份实现了联网，到 2012 年底全国已经有 29 个省的 259 个地市实现了联网，这在很大程度上增加了养老保险关系转移的便捷性，为养老保险关系转移的业务办理和操作流程节约了时间和成本，提高了经办效率。虽然转移接续的人次比重达到了 70%，但仍然有 30% 的参保人在原参保地开出养老保险缴费凭证并递交了转移接续申请后，养老保险关系并未成功转出，这说明基本养老保险关系并没有实现完全的畅通无阻。仅社保信息系统联网看，还有 129 个地市未接入，其中作为劳动力输出大省的贵州省没有一个地市接入，对全国养老保险关系转移造成很大不便。养老保险关系转移接续的经办程序要求新参保地在收到《基本养老保险关系转移接续信息表》后核对信息，并将收到的转移基金额按照规定划拨到统筹基金账户和个人账户，而这一环节上，往往会出现无法联系到转出地养老保险经办机构的问题等，尤其在转移人数多的时候，信息沟通不畅不但耗费经办机构大量的人力、物力，导致养老保险关系转移接续不能按时办结，而且使参保人在新参保地和原参保地之间疲于奔命，耗费时间成本，无形中给劳动者造成了经济上的损失。其次，农民工转移接续人次占总转移接续人次的比重是逐年下降的，这不得不引起关注。我国流动人口的规模是不断扩大的，而农民工人数也在增长，跨省转移的参保农民工人数明显低于实际参保的跨省人数，这充分说明在办理养老保险关系转移的过程中存在着许多障碍因素导致流动人口中比重最大的人群无法顺畅转接养老保险关系，给这部分人造成了权益损失。以东莞市为例，从 2010 年 1 月 4 日至 2022 年 1 月，全市已累计开出参保凭证 72 679 份，办理转出 660 人，其中省内转移 184 人，跨省转移 476 人，由此可见，申请转移的人数多，而真正实现转移的人数很少。

为了进一步简化经办流程、缩减办理时限，人社部于 2019 年启动养老保险跨数据中心线上转移平台，通过这个平台，可以随时查看和调出养老保险关系转移业务的实时经办情况，转移接续业务经办时限也从 45 个工作日压缩到 15 个工作日，按流程分为"22452"，即转入地受理转移申请后，2 个工作日内上传《联系函》，转出地 2 个工作日内下载《联系函》并上传《信息表》，转入地 4 个工作日内下载《信息表》、完成信息审核并接收确认，转出地5个工作日内完成基金划转，转入地2个工作日内上传办结反馈处理。2021年按照人社部社保中心高频业务"跨省通办"要求，在同一统筹范围内不再转移只需进行参保地信息变更即可。这些都在很大程度上降低了养老保险关系转移的障碍因素。但实际上，养老保险还未实现真正意义上的省级统筹，包括基金统收统支、数据集中管理等方面的问题还没有妥善解决，仅在信息层面实现了统筹，距离全国统筹的实现更是有较大差距，即便实现了省级统筹，仍然不能彻底解决流动性损失问题。

（三）养老保险中断，缴费人数增加

2020年全国共有4.56亿人参加城镇职工基本养老保险，其中参保职工3.29亿人，参保离退休人员1.28亿人。以人口流入大省江苏省为例，2020年年末全省企业职工基本养老保险参保人数3 272.31万人，比2019年年末增加127.42万人，其中在职职工2 414.09万人，离退休人员858.22万人，分别比2019年年末增加84.65万人和42.78万人。参保农民工521.86万人，比2019年年末增加11.89万人。企业职工基本养老保险基金收入2 038.48亿元，比2019年下降28.9%，其中征缴收入1 790.28亿元，比2019年下降31.7%。由此可见，参保人数增加，但征缴收入大幅度减少，这无疑说明，中断缴费的人数在增加。

中断养老保险的人群可以分为三类：一类是下岗失业工人，这类人本身文化素质不高，企业破产后，自己也忽略了缴费，致使缴费中断。第二类是小微民营企业的员工，尤其是处于创业初期的小企业，为了降低成本，不给员工缴纳社保，任其中断。这两类人本身并不愿意中断缴费，他们属于被动中断缴费。第三类人与前两类不同，他们流动性最强，人数也最多，即农民工群体。这一群体属于主动中断缴费，可以称之为弃保。我国目前实行统账结合的养老保险模式，也就是统筹基金加个人账户，参保人缴费不满15年，而发生工作地跨省转换时，只能带走部分统筹基金。农民工作为流动频率最高的群体，大部分人无法满足在一个地方缴费满15年的条件，而农民工跨省流动也是常态，因此常面临养老保险跨省转移问题，但跨省转移的流程复杂，且只能转走部分统筹基金，于是许多人选择弃保，一走了之，在新的工作地再重新建立养老保险，这就导致农民工多重养老保险关系并存的情况十分多见。

养老保险本来是化解老年风险的一种保障机制。对于参保人而言，参加养老保险等于为自己的老年生活筑起一个安全网。然而，参保后不能连续缴

费，致使缴费中断，就等于脱离了养老保险的安全网。如果到了退休年龄，缴费还不够 15 年，那么就无法获得养老金待遇。即便缴费已经满 15 年，后续中断或继续缴费对退休后的养老保险待遇也有很大的影响。根据现行政策，退休后的养老保险待遇是根据停保前一年全省职工月平均工资以及缴费年限计算的，如果参保人在缴费满 15 年后中断缴费，而自己还继续工作直到退休，那么退休后的养老保险待遇要比缴费到退休前一年拿到的养老保险待遇少很多。因此，对于个人而言，养老保险缴费中断会造成退休后的养老金权益损失。对于全体参保人群而言，大量的参保人中断缴费会导致参保缴费率降低，最后会危及养老保险基金的支撑能力。

（四）不同养老保险制度间无法转移接续

2014 年以前，我国实行的养老保险制度主要有城市居民养老保险、新型农村居民养老保险、城镇职工养老保险和机关事业单位养老保险，前三种养老保险分别简称为城居保、新农保和职保。2014 年 2 月，新型农村社会养老保险与城镇居民养老保险合二为一，统称为城乡居民养老保险。由于城市中的居民大部分是有工作单位的所以大都参加了城镇职工养老保险，少部分无工作单位的市民参加城乡居民养老保险，而农民多也参加城乡居民养老保险。城镇居民从无业到就业会产生从城乡保到职保之间的转移接续需求，农村劳动力大规模流向城镇就业和返乡务农也带来城乡保和职保之间相互转移接续的需求。根据人力资源和社会保障部 2021 年 7 月在《健全多层次养老保险体系》发布的数据显示，截至 2021 年 3 月底，我国基本养老保险参保人数达 10.07 亿人。基本养老保险参保率超过 90%。覆盖人数的增加在给城乡居民老年生活带来更多保障的同时，也带来了更多的转移接续需求。此外，由于我国实行机关事业单位招考制度，许多岗位都要求有工作经验，劳动者有机会从现在的企业流动到机关事业单位工作，因此会产生机关事业单位与城镇企业职工养老保险关系转移接续的需求。

2009 年我国出台的《城镇企业职工基本养老保险关系转移接续暂行办法》主要是针对职保内部跨省转移接续养老保险关系的需求而设计的，随后，2014 年《人力资源社会保障部　财政部关于印发〈城乡养老保险制度衔接暂行办法〉的通知》，对这部分人群的规定是先认定职保的个人缴费部分和参保缴费记录全部有效，再根据参保人的实际情况，或在达到待遇领取条件时领取职保的待遇，或转入城乡保，但具体转移接续办法还没有出台，也就是说无法实现转移接续，而目前又不允许退保，对于返回农村不再返城就业的农民工而言，其实际上损失了相应的养老保险权益。2017 年，《人力资源社会保障部 财政部关于机关事业单位基本养老保险关系和职业年金转移接续有关问题的通知》(人社部规〔2017〕1 号)印发，要求切实做好机关事业单位养老保险关系和职业年金转移接续问题，切实维护流动就业人员的养老保险权益，但由于各地政策不统一，政策也没有细化，机关事业单位养老保险与职工企业养老保险之间仍然存在较大的转移接续障碍。此外，三项基本养老保险中仅企业职工养老保险 2021 年实现了省级统筹，而城乡居民养老保险和机关事业单位养老保险并未实现省级统筹，不同区域因实际情况不同，经办部门对政策的理解、执行都存在较大差异，部分地区为了解决本地特殊问题，更是出台了各种地方性政策，造成跨区域转移时无法顺畅衔接。对同一文件不同的理解与执行，导致部分参保人员无法顺畅办理转移接续，参保年限无法累计，影响工龄计算、待遇计发等个人权益。

第四节　小结

作为社会发展不可或缺的内容，养老保险制度应当遵循公平、适度保障和效率三大原则，如此养老保险制度才能达到作为社会稳定器的作用。养老保险关系承载着养老保险权益，而劳动力流动要求养老保险制度具备可携性，可携性差将会给劳动者的养老保险权益带来损失，并阻碍劳动力的合理流动，从而导致劳动力市场活力不足，配置低效，最终危害经济发展与社会和谐。将养老保险制度作为一种特殊的契约，可以将各利益相关者视为交易主体，建立交易费用的分析框架。保障劳动者退休后的基本生活是养老保险制度的目标，因此制度的优劣就应当以劳动者承担的交易费用的高低作为评价标准。我国劳动力流动频繁，在现行制度下，劳动者流动时，养老保险关系转移人次却偏低，申请转移的人次多，而实际转出的人次少，中断缴费的人数不断增加，不同制度间的养老保险关系无法转移接续，这些都体现了我国劳动者的养老保险流动性损失现状，显示出劳动者在现行制度下承担了较高的交易费用。现行制度是存在不足的，要解决养老保险流动性损失问题，先要寻找问题产生的原因和根源，针对原因寻找对策。

第三章 养老保险流动性损失：
成因与机理

第一节 养老保险流动性损失成因：流动壁垒

一、养老保险存在制度间壁垒

（一）养老保险制度依人群设计

我国的养老保险制度与标准并不是统一的，而是依照企业职工、机关事业单位、农民和城镇居民划分出四类人群，并对每类人群建立其独立的养老保险制度。

我国依人群设计的养老保险制度可以说是由于历史原因形成的。早在新中国成立之初的 1951 年，我国就为企业职工建立了劳动保险制度，当年颁布的《中华人民共和国劳动保险条例》明确规定了职工的养老、医疗、工伤等多项的内容，虽然其中对养老保险的适用范围仅为职工超过 100 人的工厂矿场、铁路、航运、邮电的各企业及其附属单位，范围有限，但这是最早的关于职工养老保险的制度规范。1953 年颁布的《中华人民共和国劳动保险条例实施细则修正草案》对劳动保险条例的实施范围进行修正，进一步扩大了劳动保险的实施范围，使养老保险覆盖的行业和人数都大幅度增加。但是中华人民共和国成立初期的企业职工的养老保险金完全由企业承担，与企业的盈利挂钩：企业盈利好，职工退休待遇就高；企业盈利能力弱，职工退休待遇就差。

机关事业单位的养老保险制度比企业职工的养老保险出台晚一些。国务院于 1955 年颁布的《国家机关工作人员退休处理暂行办法》规定了我国机关事业单位退休人员的相关待遇，标志着我国为国家机关事业单位工作人员建立了独立的养老保险制度。该办法规定退休金由国家财政统一拨付，退休条件为男子年满六十岁，女子年满五十五岁，且工作年限已满十五年，待遇水平为退休前工资的 70%。可见，早在中华人民共和国成立初期，我国就已经形成了机关事业单位和城镇企业职工两种养老制度。这两种制度的共同点是劳动者在职期间不缴费，退休后可以直接领取养老金。但两种制度也存在很大的差别，企业职工和机关事业单位的职工作为两类不同的劳动者，其待遇和筹资模式也有所不同，企业职工的养老金替代率为 35% ~ 70%，具体是多少由企业的经营状况决定。因为这笔钱是从企业自有资金中列支的，而机关事业单位职工的养老金替代率基本都在 70%，这笔钱是由财政统一支付。虽然国务院 1958 年颁布的相关规定统一了工人和公职人员的养老标准，但这只是暂时的统一。1978 年，《国务院关于安置老弱病残干部的暂行办法》又一次将机关事业单位的退休职工待遇与企业职工分开，实施单独的退休办法。1991 年，《国务院关于企业职工养老保险制度改革的决定》提出实施社会统筹和部分积累为筹资模式的养老保险制度，养老保险缴费由个人、企业和国家三方共担，并规定机关事业单位的养老保险的具体办法由人事部另行制定。自此，养老保险制度由分到合，由合又到分，最终还是以分离的形式在企业和机关事业单位中形成了两种不同的制度安排，造成我国养老保险制度"双轨制"的格局。1997 年颁布的《国务院关于建立统一的企业职工基本养老保险制度的决定》标志着全国统一的企业职工基本养老保险制度在我国正式确立。2005 年出台的《中华人民共和国公务员法》明确了公务员的退休办法和条件，不用缴费却能享受高额的退休金。2008 年，我国在山西、上海、浙江、广东、重庆 5 省市试点事业单位养老保险改革。2009 年 1 月，5 个试点省份正式启动养老保险制度改革。2014 年 12 月，第十二届全国人大常委会第十二次会议上关于统筹推进城乡社会保障体系建设工作情况的报告中明确指出，推进机关事业单位养老保险制度改革，建立与城镇企业职工统一的养老保险制度，从制度和机制上解决养老保险"双轨制"矛盾。2015 年 1 月，国务院印发《关于机关事业单位工作人员养老保险制度改革的决定》，明确了改革的指导思想、基本任务、主要原则、政策措施和工作要求。2015 年 3 月，人力资源社会保障部印发《机关事业单位工作人员基本养老保险经办规程》的通知，明确了参保登记、申报核定、基金征缴、个人账户管理、保险关系转移、待遇管理、领取待遇资格认证、基金管理、统计分析、稽核和内控、档案管理、个人权益记录管理、信息管理等业务环节的主要内容，规定了具体操作流程、标准和要求。2019 年 4 月，为减轻单位负担，完善社会保险制度，《国务院办公厅关于印发降低社会保险费率综合方案的通知》下发，规定自 2019 年 5 月起，基本养老保险的单位缴纳比例可降低至 16%。机关事业单位同时还建立补充养老保险制度——职业年金制度，职业年金缴费基数、缴费方式与基本养老保险费相同。

中华人民共和国成立后，国家没有专门给农村居民建立养老保险制度，农民的养老保障形式主要是依靠土地保障基础上的家庭保障和集体保障。土地保障是指通过土地分配制度使耕者有其田，这也是当时农民维持生计和获得收入的唯一来源。家庭保障是农民在年老无法劳作时，依靠子女耕种其土地供给口粮的一种养老形式，传统的家庭养老至今仍是我国农村居民养老的主要形式。集体保障是指通过集体分配的形式将集体生产获得的劳动收益以实物的形式分配给年老体弱的老人，以保障这部分人的生活。此外，对于农村丧失劳动力、生活无依靠的老、弱、孤、寡、残疾的五类居民，实行"五保"制度，保障"五保户"的生活、吃穿，幼年教育和死后安葬，这一制度也具有一定的养老保障性质。1986 年，国务院发布《中华人民共和国国民经济和社会发展第七个五年计划》，开始了对农村社会养老保险制度的探索，沿海发达地区也在一些农村进行了试点。1992 年，民政部制定的《县级农村社会养老保险基本方案（试行）》明确了农村养老保险的缴费对象、筹资方式等，标志着"老农保"制度的正式形成。2008 年，中央政府提出要建立个人缴费、集体补助和政府补贴三者结合的新型农村社会养老保险制度。2009 年，《关于开展新型农村社会养老保险试点的指导意见》标志着"新农保"试点在全国正式启动，试点覆盖面为全国 10% 的县，到 2020 年实现农村全覆盖。

我国城镇居民养老保险建立的时间较晚。2011 年 7 月，国务院决定开展城镇居民社会养老保险的试点项目，但在中央政府的大力推动下，2012 年底，我国已实现了城镇居民养老保险制度的全覆盖。城镇居民养老保险制度填补了长久以来城镇居民不被制度覆盖和保障的漏洞，为未就业及就业不稳定的城镇居民提供了一份养老保障。它的出台标志着我国城乡全覆盖的基本养老保险体系的确立。由此，城镇居民养老保险与新型农村养老保险就基本上实现了制度全覆盖，它们同城镇职工养老保险及机关事业单位养老制度一起成为我国劳动者防范老年风险的基本安全保障网。除了上述四种主要的养老保险制度外，我国不同的省份还存在农民工养老保险制度、综合保险制度等。

2014 年 2 月召开的国务院常务会议决定合并新型农村社会养老保险和城镇居民社会养老保险，建立全国统一的城乡居民基本养老保险制度。

（二）三种养老保险制度间封闭运行形成壁垒

我国的四种养老保险制度包括新型农村社会养老保险、城镇居民社会养老保险、城镇职工基本养老保险和机关事业单位养老保险。2014 年 2 月，新型农村社会养老保险与城镇居民养老保险合二为一。本书对三种并存的养老保险制度进行对比分析，旨在清晰地反映三种制度从覆盖人群、缴费方式及原则、缴费主体到筹资模式与待遇水平等存在显著的差异，具体如表 3-1 所示。

表 3-1　2013 年我国三种基本养老保险制度对比 [①]

保险项目	覆盖人群	缴费原则	缴费主体	缴费方式	筹资模式	待遇水平
机关事业单位养老保险	机关事业单位在编的工作人员	强制性	政府	政府财政出资，个人不缴费	现收现付	领取退休金，一般是按照退休前一个月的工资为基数，根据工龄乘以90%～60%中的一个百分比。2013年，我国机关事业单位退休人员月平均退休金约为 4 000 元
城镇企业职工养老保险	企业职工、社会团体及民办非企业单位从业人员、自雇者、个体工商户、私营企业主	强制性	企业＋个人	企业按职工工资总额的20%缴纳，进入统筹账户，职工按本人上年度月平均工资的8%缴纳，进入个人账户	统账结合	统筹账户与个人账户之和，个人账户养老金=个人账户储存额÷计发月数（50岁为195、55岁为170、60岁为139）；统筹账户为省上年度在岗职工月平均工资=（1+本人平均缴费指数）÷2×缴费年限×1%。2013年，我国企业退休职工平均养老金为1 900元/月
城乡居民养老保险	年满16周岁（不含在校学生），非国家机关和事业单位工作人员及不属于职工基本养老保险制度覆盖范围的城乡居民	自愿性	个人缴费＋政府补贴＋集体补助	个人缴费标准为每年100～1 000元十个档次和1 500、2 000元两个档次，共12个档次；地方政府补贴，不低于每人每年30元，均进入个人账户	统账结合	中央政府提供每人每月70元的基础养老金＋个人账户全部储存额除以139。2013年，我国城乡居民基本养老金为人均81元/月

[①] 数据来源于人社部网站和人社部的调研报告。

　　按照国家统一规定，机关事业单位工作人员养老保险制度改革实施从2014年10月1日开始，机关事业单位及其编制内工作人员按规定缴纳基本养老保险费和职业年金，筹资模式由现收现付改为统账结合，但实际上，机关事业单位养老保险与企业职工养老保险在统筹基金统筹的层次和管理方式都不一样。截至2023年，机关事业单位基本实行的是省级统筹，但企业职工养老保险还未实现真正意义上的省级统筹。与此同时，企业职工养老保险基金和机关事业单位职工养老保险基金都是单独管理的，二者不能混淆管理。从待遇看，由于机关事业单位职业年金是强制性参保的，而企业年金是自愿建立的，截至2022年末，参加职业年金和企业年金的职工数共7 200万，其中机关事业单位中参加职业年金的职工约4 000万人，企业中参加企业年金的职工约3 200万人，而参加城镇企业职工养老保险的人数为50 349万人，这也就意味着仅有6%的企业职工有企业年金，绝大多数企业是没有建立企业年金的。由于有职业年金作为补充，2022年，机关事业单位退休人员待遇为每月8 000元左右，而城镇企业职工退休金平均水平为每月3 500元左右，二者之间存在较大差距。

　　城乡居民养老保险参保人员退休待遇与前者存在更大的差异，根据人社部的统计数据，我国参加城乡居民养老保险的人数在5亿人以上，其中有1.6亿老人已经退休开始领取城乡居民养老金。2022年，上海市城乡居民基础养老金为每月1 300元，排名全国第一，北京市以887元位列第二，天津市以307元居于第三，西藏、宁夏、重庆三地城乡居民基础养老金分别为每月215元、210元和200元，其余各省城乡居民基础养老金每月在200元内（备注：根据国家统计局相关数据整理得出）。

　　从覆盖人群看，我国的三种养老保险制度将人群分割为三类，机关事业单位养老保险仅覆盖机关事业在编的工作人员。也就是说，没有事业单位编制的劳动者属于编外人员，无法享有机关事业单位的养老待遇，但可以参加覆盖人群为企业职工、社会团体及民办非企业单位从业人员、自雇者、个体工商户、私营企业主的城镇企业职工养老保险；未参加城镇企业职工养老保险的公民，年满16岁，会被纳入城乡居民养老保险覆盖的目标人群。据人力资源和社会保障部公布的数据，截至2021年11月末，全国基本养老保险、失业保险、工伤保险的参保人数分别为10.25亿人、2.28亿人和2.82亿人，各类参保人数稳定增长。

　　从筹资模式看，机关事业单位养老保险与企业职工养老保险要求其所覆盖的劳动者强制参保，但是机关事业单位养老保险的统筹账户基金实行现收现付、以支定收的模式，政府为责任主体，根据当年的支付需要由政府财政拨付资金，个人不需要缴费。城镇企业职工养老保险也是强制性参保，但采用与机关事业单位不同的统账结合的养老保险模式，其缴费主体是劳动者个人和所在企业，统筹基金账户由企业按本企业上年度月平均工资的 20% 缴费形成，实行现收现付制，个人账户由企业职工按本人上年度月平均工资的 8% 缴费形成，实行基金积累制。城乡居民是自愿参保的，缴费主体是个人和政府，其资金来源于个人的缴费及政府补贴，也采取统账结合的模式，个人缴费采取积累制计入个人账户，政府补贴部分采取现收现付制的形式进入统筹账户。在筹资模式方面，机关事业单位养老保险的全部缴费都由政府财政支出，现收现付，这是与其他养老保险制度的最大不同。

从待遇水平看，2005 年全国城镇企业退休职工的平均养老金为 714 元 /月，事业单位退休人员平均养老金为 1 220 元 / 月，机关退休人员平均养老金最高，为 1 469 元 / 月，机关事业单位职工的养老金待遇水平明显高于城镇企业职工。2006 年以后，国家不再公布机关事业单位的平均退休金，但仍然可以从养老金替代率水平比较两者的差距。2011 年，城镇企业职工的养老金替代率为 42.9%，机关事业单位的退休人员按工作年限领取退休金，工作满 35 年能够拿到退休前工资的 90%，不满 35 年但高于 30 年的，可以拿到 85%，加上各种补贴，退休金基本上维持在退休前工资的 100% 左右。根据相关数据显示，2013 年机关事业单位退休人员月平均养老金超过 4 000元，2013 年企业职工的月平均养老金为 1 900 元，城乡居民月平均养老金为81 元，这就在一定程度上阻碍了养老保险制度的整合与统一。

截至 2021 年，以 2020 年全国规模以上企业就业人员月平均工资 6 654元为基数，人力资源和社会保障部公布的企业职工月人均养老金约为 2 900元，养老金替代率为 43.6%，而机关事业单位普遍建立了职业年金制度，加上职业年金，养老金替代率不低于 80%。根据笔者对北京、上海及陕西省各市的实地调研，2020 年机关事业单位干部退休后月均养老金均不低于 4 000元，而 2020 年的城乡居民养老金的平均水平是每人每年 2 088 元，平均到每个月仅有 174 元。

由于依人群划分的三种养老保险制度的存在，当劳动者的社会身份或者职业发生改变时，养老保险关系也需要在这三种养老保险制度之间转移和接续，但目前三种不同制度之间存在很大的差距，每个制度都是相对独立和封闭运行的。

二、养老保险存在统筹层次壁垒

从上文分析可知，我国的基本养老保险依人群分为职保、居保和机关事业单位养老保险三种，但机关事业单位的劳动者流动频率低，即便在体制内流动时，只需要单位开具介绍信和接收函就可以完成，不存在养老保险关系转移问题。但居保还在试点中，劳动者在这些制度内流动的频率也不大。在实际生活中，劳动者在覆盖人数最多的城镇职工基本养老保险制度内流动的概率最高，在我国基本养老保险制度中的地位最为重要，对整个养老保险制度体系的影响也最大，因此在统筹层次问题上，这里以城镇职工基本养老保险为例进行具体分析。

（一）养老保险制度统筹层次低

统筹层次在社保领域主要是指包括社保缴费标准、养老金计发办法、社保基金使用等内容在内的整个养老保险制度在一定范围内的统一设计和统一管理。统筹层次越高，社保基金抗风险能力越强。我国养老保险按照形成区域由低到高可以划分为县级、市级、省级与全国四个统筹层次，在基本制度统一的基础上，按照各级政府的行政管辖范围实施本辖区范围内的养老保险制度。由于我国的养老保险以行政管理的范围进行分级，不同的省、市、县的行政区域范围内也相应地形成了数量、大小都不尽相同的养老保险统筹区域，这些统筹区域由不同级别的地方政府负责，也就成了养老保险的"统筹层次"。在单个统筹区域范围内，养老保险基金的日常管理与收支平衡都由其对应的统筹层次的地方政府负责。2007 年，劳动保障部与财政部联合印发了关于推进职保省级统筹的文件，明确了省级层面的统筹标准即要求政策制度、业务规程、缴费比例、基金预算、基金使用及待遇计发办法六项内容在省级实现统一。按照这一标准，2012 年人力资源和社会保障公报显示全国已经实现了省级统筹，但这种省级统筹并非真正意义上的省级统筹，因为真正意义的省级统筹的标准应当是养老金的收缴、支出、核算、管理、调剂的层级均集中在省一级，其本质是统筹基金由省级统收统支。截至目前，我国的养老保险依然是市县级的低层次统筹，地区分割的局面并没有发生实质性改变。

即便通过努力使养老保险制度实现了省级层面的统一，但也仅限于在本省内解决基金的余缺调剂问题和关系转移问题。对于全国而言，省级统筹就等于将全国的养老保险划分为 31 个统筹区域分疆而治，而各统筹区域在人口老龄化程度、经济发展水平、养老保险基金结余状况、养老保险替代率等方面都存在很大差异，养老保险费率也有高有低，进而使劳动者跨统筹区域流动就业时养老保险关系及其权益记录难以转移接续，影响劳动力的自由流动和劳动力市场的统一。

（二）各统筹区域养老保险制度各不相同

目前，我国的养老保险统筹层次在市县一级。虽然各地的养老保险模式都是"统账结合"的模式，制度框架也大体相同，但实际上在各地区养老保险制度运行过程中，其参保对象、筹资、计发等管理模式仍存在很大的不同，可以说，不同统筹区域的养老保险制度各不相同，具体体现在以下几个方面：

首先，不同省份的统筹层次和统筹对象的范围各不相同。上文已经说明了我国大部分地区还停留在县市统筹的层次上，在市县一级的统筹层次下，养老保险基金调剂能力差，基金风险无法有效分散，对于一些老龄化程度高的市县而言，统筹基金往往收不抵支，基金财务运行压力非常大。与此同时，不同省份对统筹范围与统筹对象的规定存在差异，有些省的统筹对象仅为国有企业的职工，而另有一些省将灵活就业人员、个体工商户都纳入养老保险的范围。

其次，不同省份的养老保险筹资模式和计发模式也存在差异。我国在1995年决定开始实施统账结合的养老保险模式时，为增强该模式的适应性，推进其实施，同时推出了两套改革方案，并允许各地因地制宜地选择其中一种方案实施。在这种政策环境下，我国各地出现了单纯地将个人缴费和参保单位缴费超额部分计入个人账户的小账户模式，将单位缴费按一定比例划入个人账户的中账户模式和将统筹部分按一定比例计发的大账户模式，这就使各地区统筹账户和个人账户的比例不一致。就基金发放模式而言，各个地区关于个人缴费年限的计算方法、个人缴费累计年限不足的处理及养老金占当地职工月平均工资的比例等规定也不一致。

再次，我国31个省份企业退休职工的养老金待遇水平存在巨大的差别，具体如表3-2所示。

表 3-2　全国 31 个省份 2020 年城镇企业退休职工养老金待遇水平一览表 ①

省份	养老金收入 /（元 / 年）	省份	养老金收入 /（元 / 年）	省份	养老金收入 /（元 / 年）
西藏	113 654	福建	42 502	江苏	36 977
北京	62 726	宁夏	42 128	安徽	36 960
青海	57 629	山东	41 932	辽宁	36 385
上海	57 156	河北	41 275	黑龙江	36 072
新疆	48 315	内蒙古	40 835	湖南	34 440
陕西	46 970	甘肃	40 759	四川	32 770
广东	46 598	广西	40 710	吉林	32 742
山西	46 391	海南	40 417	江西	32 514
天津	45 273	浙江	38 070	重庆	30 697
云南	43 351	湖北	37 961		
贵州	42 598	河南	37 185		

以 2020 年为例，西藏城镇企业职工养老金收入最高，年收入为 113 654 元，最低的为重庆，30 697 元，最高与最低相差近四倍，全国 31 个省份城镇企业职工养老金收入可以划分几个区间：10 万元以上为西藏，5 万元以上（含）10 万元以下的有北京、青海、上海，4 万元以上（含）5 万元以下的有新疆、陕西、广东、山西、天津、云南、贵州、福建、宁夏、山东、河北、内蒙古、甘肃、广西、海南，4 万元以下的有浙江、湖北、河南、江苏、安徽、辽宁、黑龙江、湖南、四川、吉林、江西、重庆。

最后，各地的养老保险费用征缴和管理机构不统一。就征缴机构而言，有的地区通过地方税务部门征缴，有的则将这项工作交由劳动保障部门负责。养老保险费征缴机构不统一不仅不利于管理，更不利于养老保险统筹层次的提升。就养老保险管理机构而言，情况就更复杂，各地区对养老保险的管理具有较大的自主决定权，有的地区直接将这项工作交给独立的社会保险公司管理，有的地区则由本地人寿保险公司负责统一管理，更有一些地区由政府下设的劳动保险公司负责管理。

---

① 数据根据人社部资料及各省社保网站资料整理得出。

第二节　养老保险制度壁垒的形成机理：
利益主体间的非合作博弈

根据博弈参与人的行为逻辑，博弈可分为合作博弈与非合作博弈。两者区分的关键在于博弈参与人是否能够达成具有约束力的协议。在合作博弈的情况下，博弈参与人的行动空间受到协议的制约，通过讨价还价，博弈参与人之间形成了妥协，这种妥协导致博弈各方的利益都有所增加，或者至少一方的利益增加，而另一方利益不受损，也就是说博弈的结果为正，也称为正和博弈。在非合作博弈的情况下，参与人各方在相互影响的局势中都会采取自身利益最大化的行为，最终导致一方的收益来自其他参与人的损失，博弈取得的利益之和为零，也就是零和博弈，甚至博弈各方的利益都受到损害，整体社会的利益下降，称为负和博弈。从交易费用理论视角看，我国现行基本养老保险制度存在的依人群设计和地区分割问题之所以存在，其根源在于交易主体之间存在利益冲突，不同利益集团在博弈过程中存在势力和地位的差异，导致博弈成为非合作博弈，博弈结果非均衡，交易中处于最弱势地位的劳动者养老保险权益受损。

一、制度壁垒下的利益冲突与博弈

（一）养老保险制度下各利益集团力量悬殊

利益集团是指由享有共同利益的公民个人和组织构成，将自身资源投入共同行动的集合体。政府是利益集团的利益表达对象，利益集团通过向政府表达利益来影响政府的决策，最终维护和发展成员的利益。受到传统计划体制的影响，我国有着不同身份特征的干部与群众、工人与农民等被划分为"天然"的利益群体，这一影响扩大到了社会保障领域，导致我国现行的养老保险制度下也存在不同的利益群体，分别是农民、城镇居民、企业职工以及机关事业单位工作人员。农民和城镇居民由于社会身份相似，2014年2月已经被合并，形成了现在的三大利益集团。三大利益集团对政府政策制定及执行的影响力存在巨大差异，这一点也在养老保险制度变迁中有明显表现。

农民与城镇无业居民是力量最小的弱势群体。以农民为例，根据第七次全国人口普查数据，我国居住在乡村的人口（农村人口）为5.1亿，占全国总人口的 36.11%。数量如此庞大的人口难以形成代表自身利益的利益集团，而沦为社会的弱势群体。根据奥尔森在《集体行动的逻辑》一书中的描述，集体行动的逻辑是指个人理性与集体理性的冲突，要想成为强势的利益集团进而代表集体成员的利益，利益集团中的个人必须具有为实现集团共同利益而采取行动的意愿。农民是从事农业生产的小农生产者，不具备集体主义行为特征，加之他们本身文化程度不高，思想相对保守，政治意识淡漠，很难采取自发自觉的集体行动，因此在政府制定政策的过程中，其处于明显的劣势地位。这一点也体现在农村养老保险制度变迁中。1991 年以前，我国农民没有养老保险制度，国家偏重城市和工业的发展，对农村的养老保障投入较少，农民的养老保障仅限于数量很少的"五保户"，而绝大多数的农民养老主要依靠土地和家庭。1991 年，民政部实施的"老农保"标志着农村养老保险制度的正式出现，其虽然是国家主导下实施的农村养老保险制度，但主要是农民自己缴费，难以起到保障基本生活的作用。2009 年，国家实施了有政府补贴的"新农保"，让一部分务农农民享受到了养老金，但是农民的养老问题依然严峻。一方面，部分农民的缴费意愿不强，缴费能力也不高；另一方面，"新农保"的养老金待遇太低。与农民相比，城镇无业居民处于更为弱势的地位，他们不但没有可以依靠并取得收入的土地，而且从人数上而言，所占数量很少，虽然身居城市，但是很少有稳定的收入来源，常常陷入贫困，所以这类人也不具备成为利益集团进而代表自身利益同政府谈判的可能。城乡居民养老保险的合并使养老待遇相当的农民与城镇无业居民成为一个群体，但在养老保险的利益博弈中，他们难以通过自身的力量影响政府决策，因此处于弱势地位。

城镇企业职工是有影响力的利益集团。城镇企业职工是社会物质财富的直接生产者和国家财政收入的主要创造者，也是我国社会主义现代化建设的主导力量。在一定程度上，企业职工的利益是否能够得到有效维护关系到我国经济社会的发展。城镇企业职工养老保险覆盖了所有类型的企业职工，无论是外资企业、国有企业还是民营企业，其员工都需要参加城镇企业职工养老保险，因此其参保人数是最多的，为维护社会稳定和促进经济发展发挥了巨大作用。城镇企业职工每个月按时缴费，虽然缴费是强制性的，但大部分参保者都支持缴费，因为参加养老保险能够为自己积累一份储蓄，以保障自己的老年生活。目前，我国职保实行的是统账结合的模式，职工自己缴纳的8%进入个人账户，作为个人储蓄积累，而企业为职工缴纳的20%进入统筹基金账户，用于支付已经退休的劳动者的费用。从费率看，我国企业职工的养老保险费率在全球都处于较高的水平，但养老金待遇有待提高。2005—2014 年，我国已经连续 9

年10次提高企业退休职工养老金待遇，这充分说明了我国企业职工阶层形成的利益集团能够代表集团成员利益影响政府政策的决策。

事业单位职工和公务员阶层是最为强势的利益集团。机关事业单位包括机关和事业单位两部分。机关是指国家机关，其职员受雇于国家，是公务员；事业单位是由国家或其他组织利用国有资产建立的，主要从事科教文卫等公益事业的社会服务组织。事业单位与机关公务员有着千丝万缕的联系，并且人数最多的高校和科研单位人员本身是知识分子，拥有较高的文化水平和参政意识，他们多为国家的智囊机构，能够通过自身的力量影响政府决策。而公务员阶层是直接掌握国家权力的阶层，因此能够直接通过政策决策来维护本集团的利益。

（二）强势利益集团谋求利益最大化

我国养老保险制度依人群设计实际上体现出养老保险制度依从于劳动者就业的具体形式及劳动者就业单位的性质，进而体现出各利益集团由于力量悬殊而导致利益冲突和博弈失衡。养老保险制度被广为诟病的"双轨制"或"多轨制"就是对不同人群养老保险制度差异巨大的形象化描述。虽然国家一直力图推进机关事业单位养老金改革，但改革进展缓慢，推进艰难。究其根源，决策当局在处理社会利益冲突时，往往会对维护自身统治地位更有利的利益集团倾斜，更为普惠的制度安排难以推行。此外，社会利益集团也会主动扶持自己的政治代理人，用来对决策者和管理机构施加影响，趋利避害。

二、统筹层次壁垒下的利益冲突与博弈

（一）中央政府与地方政府存在利益冲突

理论上，中央政府与地方政府之间是一种委托代理关系：中央政府拥有绝对的权威，不但能赋予地方政府管理地方事务的权限，而且决定着地方官员的任免和升迁；作为代理人，地方政府应当与中央政府的利益相一致，贯彻执行中央的政策。在提高养老保险可携性方面，中央政府的利益诉求首先应当是维护社会全体劳动者的利益，这就决定了中央政府应当代表劳动者，维护劳动者的权益，市场经济的发展需要国家有一套完善的劳动者社会权利保障机制，只有劳动者的利益得到良好的保护，经济才能够和谐可持续地发展。其次，维护劳动力市场的均衡，鼓励劳动力充分流动。劳动力市场均衡是劳动力供给正好等于需求的一种状态，只有劳动力充分、自由地流动，市场才能够

在劳动力资源配置中充分发挥作用，劳动力资源才能够得到最优的配置，同质的劳动力才能够获得相同的工资，充分就业才有可能实现。作为地方政府，应该配合中央政府的政策目标，通过自身的努力替中央政府实现利益诉求。

然而，在现实经济活动中，地方政府与中央政府的利益诉求是不一致的，甚至是相互冲突的。在中央政府与地方政府都力图实现自身利益最大化的诉求下，双方无疑会产生利益博弈。中央政府与地方政府之间的博弈关系直接影响养老保险制度供给的方式和手段。政府是养老保险制度中具有特殊地位的利益主体，这是由于政府不仅是养老保险制度的政策制定者和执行者，还是保障养老保险制度能够有效实施的责任者。养老保险要求政府资金投入，因此对政府财政的依赖性较强，中央政府与地方政府之间产生的利益诉求差异反映到对养老保险政策选择的偏好和实施上，如表 3-3 所示。

表 3-3　中央政府与地方政府的利益诉求对比一览表

利益主体	政治及经济利益诉求	对养老保险制度利益的诉求	对养老保险关系转移制度的诉求
中央政府	财政收入增加；社会稳定和谐	保障全体劳动者的养老保险权益，降低养老保险经费支出	全国范围内自由转移接续；养老保险兜底责任由地方政府承担；各统筹区域实现利益平衡
地方政府	集体：本级财政收入增加；本级政府政绩	本地区劳动者养老保险权益最大化；降低本级政府的养老保险经费支出；降低企业的养老保险费率	不愿意将统筹基金交给中央；近期不愿意转出统筹基金；限制劳动者转入；希望中央政府承担更多的责任

表 3-3 显示了财政分权制下中央政府和地方政府的政治及经济利益诉求存在差异：中央政府的政治及经济利益诉求包括财政收入的增加和社会稳定与和谐，这是经济增长的基础；而对于地方政府而言，利益主体是一个集体，包括本级财政收入的增加，本级政府的政绩等。在这些较为宏观的利益诉求的导向下，体现在养老保险制度中的利益诉求进一步分解；中央政府的利益诉求包括保障全体劳动者的养老保险权益和降低养老保险的经费支出；地方政府的利益诉求是本地区劳动者养老保险权益最大化，降低本级政府的养老保险经费支出，降低企业的养老保险费率。这些利益诉求进一步体现在养老保险关系转移制度中。中央政府的利益诉求包括全国范围内自由转移接续，养老保险兜底责任由地方政府承担，各统筹区域实现利益平衡；而地方政府的利益诉求包括不愿意将统筹基金交给中央，近期不愿意转出统筹基金，限制劳动者转入，希望中央政府承担更多的责任。通过以上分析可以看到，中央与地方政府在财政收入方面的利益诉求差异在养老保险制度领域被放大了，导致两者对养老保险制度的利益诉求存在

较大的差异，尤其在养老保险关系转移制度方面，中央政府与地方政府的利益诉求差异进一步扩大。

虽然为劳动者提供养老保险，以维护社会稳定和经济发展是中央政府和地方政府共同的利益基础，但由于养老保险制度的财权事权在中央政府和地方政府间没有明确的划分，《社会保险法》也只是规定了县级以上政府要对社会保险事业给予必要的经费支持，但具体哪一级政府应当承担多少，中央政府应当承担多少，并没有界定清楚，这就为各级政府间以及中央政府与地方政府间的利益博弈留下了空间。于是，中央政府的利益诉求偏离了最初增进劳动者福利，维护劳动者利益的诉求，变成了保持更高的财政收入，更少地承担养老保险责任，让地方政府承担养老保险兜底责任。

而地方政府的利益诉求也不再与中央政府相一致，其对中央政府政策的执行是有选择的：有利于自身的政策，就会立刻执行；不利于自身的政策则可能存在难以执行的情况。养老保险统筹层次低，地方政府就可以收取养老保险费，发达地区的劳动人口数量多，养老金结余自然也就多，因此地方政府愿意维持养老保险省市一级统筹的现状，希望能够多收取养老保险基金，而不愿意承担支付养老保险待遇的责任。而当中央政府实施养老保险关系转移接续的政策后，地方政府的利益诉求首先是维护本级政府的利益，其次是保护本地劳动者的利益，再次是平衡本地雇主与劳动者的利益。

（二）雇主与雇员的利益诉求

劳动者不但是养老保险制度的直接受益人，而且是养老保险关系转移中最重要的利益相关者。劳动者的利益诉求是能够自由流动，在流动过程中，养老保险关系能够顺畅地转移接续，养老保险权益不会因为流动就业而受损失，换言之，就是养老保险的可携性好。劳动者参保的动机是化解自身养老风险，使自己在退休后能够享受养老待遇，安度晚年。而享受待遇的前提是在养老保险这一长期契约中，劳动者需要履行长期缴费义务，如果养老保险可携性差，导致缴费中断，就会直接影响劳动者享受养老金。因此，可携性好本身就是劳动者对养老保险的要求。劳动者在流动中保障养老保险权益不受损失的利益诉求可以细化为以下几点：

（1）跨地区流动时，养老保险关系转移畅通无阻。

（2）跨不同统筹项目流动时，养老保险关系转移畅通无阻。

（3）转移手续简单，时间短，不需要耗费大量时间和金钱。

（4）转移过程中缴费不中断，积累的养老保险权益不受影响。

（5）自主选择退休地点，不受缴费年限及户籍限制。

（6）提供便捷的养老保险查询服务，随时随地了解自己在当前缴费条件下能够享受到的养老金待遇。

（7）参保地和待遇享受地不受户籍限制。

（8）雇主能够按规定缴费。雇主的利益诉求是在不触犯法律的情况下，自身利益得到最大化。

雇主在养老保险中是缴费方，雇主是否按时缴费直接影响劳动者是否能够享受养老保险权益。雇主的利益诉求如下：①更低的养老保险缴费支出；②更加稳定的雇佣关系；③养老保险关系转移畅通无阻，以便人才流动。

通过对雇主和雇员的利益诉求分析可以看到，两者的利益诉求有共同点，也有差异。其差异表面上体现为对养老保险缴费的诉求不同，但差异的根本原因在于两者利益的依附者不同：雇主的利益依附于地方政府，期待通过地方政府给予其政策方面的优惠，尤其是在缴费比例方面的优惠；而地方政府也期望以更低的缴费比例作为吸引企业的手段，并且期望能够保障养老金基金额的最大化。而雇员的利益依附于中央政府，雇员即劳动者的养老保险权益要依靠中央政府来保障，包括要求企业按照规定比例缴费、保证养老金待遇按期发放和保证养老保险权益在流动就业时不受损等。因此，雇主和雇员的冲突与博弈实际上也可以由中央政府与地方政府之间的利益冲突和博弈行为来体现。

（三）中央政府与地方政府的利益博弈分析

中央政府与地方政府之间利益冲突的客观存在使双方的利益博弈在所难免。就养老保险制度而言，地方政府各自为政，导致各统筹区域养老保险制度各不相同，其根源也是因为中央政府与地方政府的利益博弈。中央政府希望地方政府承担更多的养老保险兜底责任，而地方政府不愿意承担这一责任，因为承担责任意味着财政收入的减少，因此两者围绕养老保险责任的承担展开博弈，这是一种零和博弈，具体如表3-4所示。

表3-4　地方政府与中央政府博弈

中央政府 地方政府	承担	不承担
承担	1，1	-1，1
不承担	1，-1	0，0

附注：表中数据是为了理论分析方便，本身不具有现实意义。

如上表所示，当地方政府和中央政府都采取不承担责任的策略时，两者获得的效益都是 0；当中央政府采取承担责任的策略，地方政府采取不承担责任的策略时，中央政府的收益为 -1，地方政府的收益为 1，两者收益之和为零；当中央政府采取不承担责任的策略，而地方政府采取承担责任的策略时，中央政府收益为 1，地方政府收益为 -1，两者收益之和为 0；当中央政府与地方政府都采取承担责任的策略时，中央政府的收益为 1，地方政府的收益也为 1，两者的收益为 2。表 3-4 清晰地反映了中央政府与地方政府博弈的四种结局，只有双方都采取承担责任的策略，才能使得两者的效益最大化，也就是说获得双赢的博弈结局，而只要有一方采取不承担责任的策略，得到的结局就是双方获得的效益之和为零。

按照我国公共政策制度设计的规则，中央政府通常只负责养老保险宏观政策的制定和指导，具体的实施办法则由各地政府根据本地经济状况以及地区居民的收入水平自行设定。我国的养老保险制度实施属地管理，基金限制在各省行政区域内，一旦将基金管理权限上升至中央政府，就会导致地方政府的利益受损，地方政府财政收入和政绩就会受到影响。

对于地方政府而言，由于各地养老保险财务状况不平衡，养老负担较轻、养老基金结余较多的东部经济发达省份希望维持现有的状态，对于提高统筹层次采取消极态度；对于中西部的省份而言，虽然其养老负担重，基金结余少，但是地方政府对养老保险关系转移制度并不全部持积极态度。一方面，如果劳动者流动到另一个地方，那么由转出地企业缴纳的一部分基金就跟随劳动者进入转入地的统筹基金，这可能影响地方政府养老保险基金的征缴水平；另一方面，如果劳动者大量涌入，那么未来可能要承担过重的养老压力。出于对自身利益的考虑，地方政府在执行中央政府政策和制定本地细则时，必然会采取相应的对策以维护自身的利益。在中央政府与地方政府的博弈过程中，虽然中央政府拥有绝对权威，但中央政府也需要地方政府的支持与配合，地方政府的消极和抵制态度将会产生倒逼机制，影响中央政府的政策决策。此外，中央政府的放权让利使地方政府集利益主体、经济主体、管理主体于一身，当地方政府间的目标不一致时，地方政府就会从本地区和自身的利益出发，采取行动，由此导致地方政府间的利益博弈。对于养老保险制度而言，由于各地的养老保险财务状况存在不平衡问题，养老保险基金如果从各省上缴中央，统一调拨，统一企业缴费比例极易引起东部发达省份的抵制，甚至导致各省地方政府之间的利益矛盾。[①]

第三节　非合作博弈下劳动力流动的交易费用分析

一、非合作博弈下的养老保险关系转移政策分析

（一）制度壁垒下的养老保险关系转移政策分析

现行的养老保险关系转移政策是不同社会利益集团博弈的结果，由于在博弈过程中，各方都未能通过协商达成一致，因此各自都采取有利于自己而不利于对方的非合作博弈策略。

农民、城镇无业居民在利益博弈中处于最弱势的地位，因此这两类人参加的新农保和城居保的差别很小，无论是筹资模式、支付模式和待遇水平都相近。农民务工又返乡的现象很频繁，无业居民再就业、在岗职工失业的情况也时有发生，因此还存在劳动者在新农保、城居保与职保之间的流动问题。2012年11月底人力资源和社会保障部发布《城乡养老保险制度衔接暂行办法（征求意见稿）》公开征求意见，提出参加过我国现行的职工养老保险、新农保以及城镇居民养老保险三种养老保险制度中至少两种的人员，可以衔接转换养老保险。2014年2月出台的《城乡养老保险制度衔接暂行办法》将城镇居民养老保险与新农保合并实施，从政策层面解决了这两类人群在流动时的养老保险关系转移问题，并且规定了城乡居民和城镇企业职工两类养老保险之间衔接转换办法，只要参保者本人向养老保险的待遇领取地的经办机构提出书面申请，然后经由待遇领取地社会保险经办机构受理并审核就可以办理养老保险关系转换，其过程简便易行。但问题在于转换是有条件的，按照现行办法，要想申请从城乡居民养老保险转入职保，必须满足在职保参保缴费15年的条件，若不满15年，则只能从职保转入城乡居民养老保险。若劳动者从职保向城乡居民养老保险流动，则只转移个人账户的资金，统筹基金不能转移。这两个规定使15年成为劳动者流动的一个束缚，尤其是对于流动频繁的农民工而言，如果缴费不满15年，那么就无法转入职保，

---

① 马云超：《社会基本养老保险关系转移中的政府博弈行为研究》，《陕西行政学院学报》2014年第4期，第48—51页。

只能放弃新农保的缴费，重新参加职保，这无疑会有权益损失。同时，从职保转入新农保不能转移统筹基金，统筹部分的权益又损失掉了。

近年，我国机关事业单位以其工作稳定性好、福利待遇水平高而备受求职者青睐，而公开招考制度给企业员工提供了进入机关事业单位工作的机会，因此也产生了养老保险从职保转入机关事业单位的问题。2001 年，人力资源和社会保障部下发了《关于职工在机关事业单位与企业之间流动时社会保险关系处理意见的通知》，为劳动者在企业与机关事业单位之间流动就业提供了转接养老保险关系的依据。根据文件规定，从机关事业单位到企业工作的劳动者，从当月起参加城镇企业职工养老保险，其在原机关事业单位的工作年限作为视同年限，退休后按照城镇企业职工养老保险支付养老保险待遇。此外，公务员进入企业工作还要求原单位通过社保经办机构向其个人账户发放一次性补贴，补贴资金由同级财政支付，补贴的标准为原单位上年度的月平均工资的 0.3%×120 个月 × 在原单位的工作年限。从企业进入机关事业单位工作的劳动者从当月起执行机关事业单位的退休养老制度，原工龄与在机关事业单位的工作年限合并计算，退休时享受机关事业单位的养老金待遇。原有的个人账户基金在退休时按 120 个月发放，并对机关事业单位的养老金进行抵减。公务员进入企业后又再次回到机关事业单位工作，要将从原机关事业单位取得的一次性补贴连本带息上缴同级财政，同时按从企业进入机关事业单位工作的相关政策处理养老保险关系。按照以上政策，劳动者从城镇企业流动到机关事业单位工作，之前的工作年限与事业单位的工作年限合并计算，退休后获得的养老金是机关事业单位的养老金减个人账户的基金额，而企业缴纳的那部分统筹基金作为权益的一部分就损失掉了。对于一部分从事业单位出来到企业工作的劳动者而言，即便已经工作了若干年，但是由于转到企业工作，就失去了事业单位的退休待遇，得到很少的补贴，其退休后只能享受城镇企业职工退休待遇。这对于劳动者来说利益损失太大，以至于劳动者为了获得更高的退休金，会产生道德风险，通过隐瞒、造假等方法保留自己原有的机关事业单位养老保险关系，自己在企业又缴纳一份养老保险，而退休时只能获得一份养老保险，劳动者通常会放弃待遇较低的职保，由此个人缴纳的统筹部分权益就损失掉了。

（二）统筹层次壁垒下的养老保险关系转移政策分析

1997 年统账结合的企业职工养老保险制度建立时，对劳动者跨统筹区域就有规定。当年出台的《职工基本养老保险个人账户管理暂行办法》规定劳动者跨统筹区域流动时，只能带走个人账户的基金，统筹基金部分则无法转移。也就是说，单位为劳动者个人缴纳的那部分钱，留在了当地的统筹基金账户中，劳动者无法随身携带到新的工作地。由于劳动者参保满 15 年才能获得养老金待遇，而流动就业导致劳动者在更换工作地点时，之前的缴费年限无法累加。2000 年国务院发布了《关于完善城镇社会保障体系的试点方案》，规定缴费不满 15 年的参保人账户积累养老金一次性返还，养老保险关系发生转移时，只能转移参保者的个人账户养老金。这两项政策规定使劳动者在流动就业时，只能选择退保，退保就意味着失去了养老保障，失去了养老保险权益。

2009 年国务院办公厅发布的《城镇企业职工基本养老保险关系转移接续暂行办法》（国办发〔2009〕66 号）规定参保者在未满足待遇领取条件前跨统筹区域流动时，可以办理养老保险关系转移，其中统筹基金部分以本人 1998 年 1 月 1 日后各年度实际缴费工资为基数，按照基数的 12% 转移，个人账户部分本息全部转移。为了防止退保造成的养老保险权益损失，文件还规定在达到养老保险领取条件前，参保人不得退保。《城镇企业职工基本养老保险关系转移接续暂行办法》的出台在公平性和可携性方面取得了巨大进步，将以前跨统筹区域流动只能转移个人账户部分不能转移统筹基金的规定，改为转移个人账户的同时统筹基金的 12% 随同转移。在劳动者暂时没有找到工作而中断缴费时，可以由参保地先保留养老保险关系，包括个人缴费信息和账户基金，直到能够办理转移为止。这些规定说明政策制定者已经意识到不转移统筹基金会挫伤劳动者参加养老保险的积极性，同时会给地方政府造成财政压力，最终使其转嫁到劳动者身上，致使劳动者难以自由流动。

为了确保劳动者流动后，其养老保险的缴费年限能够累计计算，并最终获得养老保险权益，国家还规定了参保者的待遇领取地，以参保缴费连续累计满 10 年的参保地作为待遇领取地，参保缴费累计不满 10 年的，将其养老保险关系转回户籍地，由户籍地作为待遇领取地。这一规定明确了劳动者的养老保险待遇领取地，规避了地方政府之间相互推诿、扯皮的风险，降低了劳动者获取养老金的成本。

《城镇企业职工基本养老保险关系转移接续暂行办法》增进了养老保险的公平性与可携性，使劳动者在统筹区域流动时有了转移接续养老保险关系的可能。但在研究之初对劳动者养老保险流动性损失现状的考察证明，劳动力流动依然受到养老保险制度的制约。首先，这项政策并没有从根本上解决养老保险流动性损失问题，转移部分统筹基金的举措并没有从本质上化解不同统筹区域之间的利益冲突，不同地区之间为了防止劳动力流动又制定了许多隐性的制度壁垒，使劳动者的流动更加困难。其次，劳动者达到待遇领取年限时，以连续缴费 10 年的参保地作为待遇领取地的规定，虽然在一定程度上防止了地方政府在待遇支付时的利益博弈，但是对于劳动者和其原籍的地方政府而言，仍然缺乏公平性。因为流动就业的人群能够在某个地方连续参保 10 年的可能性并不大，尤其是对于农民工群体而言，他们通常在不同的省份之间流动就业，不能达到连续缴费 10 年的条件，所以他们就只能到户籍所在地领取待遇，而劳动力为之做出贡献的地区没有为劳动者支付养老待遇，最终由其户籍地承担了最后的养老保险待遇支付责任，这对于户籍地政府而言，造成了潜在的巨大财政压力。而对于劳动者而言，其户籍地的社会平均工资通常都低于就业地的社会平均工资，在计算养老待遇时，也会造成劳动者养老保险权益损失。另外，农民工从农村到城市打工，几年后又返乡务农的情况屡见不鲜，而现行规定缺乏城镇企业职工和新型农村养老保险制度之间的衔接制度，虽然可以先保留参保缴费记录，但无法实现养老保险关系转移，不得退保的规定又使农民工陷入进退维谷的境地，想继续参保，却因收入有限无力承担职保的保费，中断缴费则意味着已经缴纳的部分无法获得相应的权益，因为要缴费满 15 年才能领取待遇，所以许多农民工不得不保留城市的职保，同时参加新农保，造成参保缴费重复。①

二、非合作博弈下劳动者流动就业的交易费用分析

（一）不同省份养老保险关系转移政策对比分析

2010 年，《城镇企业职工基本养老保险关系转移接续暂行办法》正式实施，并且要求各省制定配套政策，但时至今日，仍然有许多省份没有制定相应的跨省转移政策，一些省虽然出台了跨省转移政策，但各省市之间的制度与规定存在较大差异，造成制度混乱复杂，劳动者无所适从。为对比不同统筹区域养老保险关系转移制度的差异，以西部广西、甘肃，中部河南、黑龙江，东部山东、河北、海南、福建 8 个省区的转移制度为例，选取转移对象及条件、单位缴费比例、统筹基金转移比例、缴费工资指数、临时缴费账户转移规定 5 个指标对比各省与中央的政策差异，如表 3-5 所示。

---

① 马云超：《社会基本养老保险关系转移中的政府博弈行为研究》，《陕西行政学院学报》2014 年第 4 期，第 48—51 页。

表 3-5 各省份养老保险关系转移政策对比一览表

区域	地区	转移对象及条件	单位缴费比例	统筹基金转移比例	缴费工资指数	临时缴费账户转移规定
中央	全国	参加基本养老保险的所有人员，包括农民工	20%	统一按本人1998年1月日后各年度实际缴费工资为基数的12%的总和转移	以本人在各参保地对应的缴费工资和待遇领取地各年度全区职工平均工资计算本人的缴费工资指数	将全部缴费本息转移归集到原参保地或待遇领取地
西部	广西	跨省流动到本省就业并参保的人员，分为有用人单位和无用人单位	重点工业园区内企业为16%	同中央政策	2002年以前按上年区职工月平均工资，其余同中央政策	无明确规定
西部	甘肃	同中央政策	20%	同中央政策	2006年1月1日以前按职工月平均工资，其余同中央政策	高于12%的，按实际缴费比例转移；低于12%的，按12%
中部	河南	同中央政策	20%	同中央政策	同中央政策，在河南省领取养老保险待遇的流动就业参保人员，其退休审批及待遇核算按照本省的有关规定执行	同中央政策
中部	黑龙江	同中央政策	2013年11月15日前22%，之后降为20%	同中央政策，不足12%转移，不足部分由统筹基金补足	无明确规定	无明确规定
东部	山东	转入转出需要提供身份证、劳动合同证明	企业17%～19%，城镇个体工商户20%，减少部分会通过财政补贴和养老保险扩面补齐	同中央政策	同中央政策，2006年1月1日以前按职工平均工资	同中央政策
东部	河北	企业职工、机关事业单位职工。北京市需要带劳动合同原件及复印件	20%	高于或低于12%均按12%转移	无明确规定	按实际缴费比例转移，低于12%按12%转移
东部	海南	参加城镇企业养老保险的所有人员	20%	未转入参保地的应补足其在原参保地参保入时上月截至月的利息	同中央政策	只转移并归集历年实际存储个人账户单位缴费部分的本金
东部	福建	流动到城镇各类企业就业，户籍正迁入夏门，男满50岁，女满40岁要缴纳超龄养老保险费	福州18%，夏门14%，其他市20%	同中央政策	同中央政策	同中央政策

从各省份养老保险关系转移政策差异可以看出，从西部到中部再到东部，虽然都依照中央政策的要求制定了相应的政策，但是其政策内容都有与中央政策不一致的地方，并且随着地域由西至东的变化，经济发展程度由弱到强，养老保险关系转移政策与中央有差异的指标越来越多；劳动者一般是由中西部偏远贫困地区向东部经济发达省份流动，这也表明劳动者流动的交易费用会越来越高。下面针对各项指标具体分析。

第一，转移对象及条件对比。中央政策规定转移对象包括参加基本养老保险的所有人员，包括农民工，而各省的政策有明显不同，广西与中央政策基本一致，并且规定了有用人单位和无用人单位的劳动者都能够转移接续政策，说明劳动者流动到广西工作较容易，无论有没有工作单位，都不影响养老保险转入，因此流动到广西的交易费用最低。甘肃、河南、黑龙江的政策与中央一致，而东部省份除海南与中央政策一致外，其他三个省份对转移对象及条件都有特别的规定。山东规定参保人要转出，需要原参保地经办机构审核参保人员的身份证明、与原单位解除或终止劳动合同证明，参保人要转入，需要审核参保人员的身份证明和与用人单位建立的劳动合同证明。这说明劳动者要进出山东存在困难，首先进出都必须有用人单位，其次还需要有劳动合同，这给劳动者自由流动造成了障碍，对于自由职业者、个体工商户、灵活就业人员来说，养老保险关系就无法转入或转出。河北养老保险关系转移的对象相比中央而言有所扩展，将机关事业单位的职工也纳入转移对象。此外，进入北京还需要有劳动合同，否则不予办理，这增加了劳动者流入北京的难度。福建是劳动力流入大省，福建规定养老保险关系转入只能是流动到城镇各类企业就业，也就是说如果没有用人单位，自由职业或灵活就业的劳动者就无法将养老保险关系转入。并且厦门市规定户籍迁入厦门市的参保人员，男满 50 岁、女满 40 岁要缴纳超龄养老保险费。

第二，单位缴费比例对比。中央政策统一要求单位缴费比例为 20%，8 省份中，甘肃、河南、河北和海南的单位缴费比例都与中央一致，而广西为了降低企业成本，吸引企业投资，将重点工业园区的单位缴费比例从 20% 降低为 16%；黑龙江单位缴费比例为 22%，2013 年 11 月 15 日统一降低为 20%，与全国大部分省市统一；山东单位缴费部分在省内没有统一，企业缴费为 17% ～ 19%，但城镇个体工商户统筹基金部分由自己缴纳，要缴纳 20%，并规定减少的部分通过财政补贴和养老保险扩面补齐；福建各市缴费比例也不统一，福州市单位缴费比例为 18%，厦门市单位缴费比例为 14%，其他市为 20%。

第三，统筹基金转移比例对比。在统筹基金转移比例方面，中央规定统筹基金按照 12% 的比例转移，8 省份对转移比例的规定都与中央一致，但黑龙江规定不足 12% 按 12% 转移，不足部分由统筹基金补足；海南省则规定未转入利息的应补足其在原参保地缴费之月截至转入时上月的利息。

第四，缴费工资指数对比。缴费工资指数是用来计算养老保险待遇的，中央政策规定以本人在各参保地的缴费工资和待遇领取地相对应各年度职工平均工资来计算本人的缴费工资指数。河北和黑龙江没有明确规定，这就造成了政策的盲区，劳动者在领取待遇的时候很可能在这一点上出现扯皮的问题，因此会造成人力、物力的耗费，还可能形成权益的损失。其余 6 省份与中央政策一致，但广西壮族自治区规定 "2002 年以前按上年全区职工月平均工资计算，其余同中央政策"，河南规定 "在河南省领取养老保险待遇的流动就业人员，退休审批程序及待遇核算方法按照本省的规定执行"，甘肃和山东规定 "2006 年 1 月 1 日以前按职工平均工资，其余同中央政策"。这些细微的政策差异会在劳动者流动就业并转移养老保险关系时给劳动者造成困扰，由于劳动者的流动可能不止一次，因此不同统筹区域的细微差别就很可能因此被放大，造成劳动者流动困难，或由此造成养老保险权益受损。

第五，临时缴费账户转移规定对比。中央政策规定对于男年满 50 岁和女年满 40 岁的参保人员建立临时缴费账户，当这类参保人再次跨省就业或达到新参保地的养老金领取条件时，要将全部缴费本息转移归集到原参保地或待遇领取地。8 省份中河南、山东和福建与中央政策一致，广西和黑龙江没有明确规定，甘肃对临时缴费账户的规定和一般账户一样，参保人员进出甘肃流动就业转移统筹基金时，属于临时基本养老保险缴费账户且缴费比例高于 12% 的，按实际缴费比例转移；低于 12% 的，按 12% 转移，并且规定进出甘肃流动就业转移的统筹基金不计利息。此外，河北也要求这类参保人进出本省时按实际缴费比例转移统筹基金，低于 12% 的，按 12% 转移。海南规定只转移并归集计入个人账户的实际金额及单位缴费部分的本金，相关的利息部分都被留在海南，而不予转移。除了上述与中央政策的差异外，海南还在视同缴费年限上有比较严格的规定，海南省人事劳动保障厅发布的《关于外省地调入人员养老保险视同缴费年限问题的通知》（琼人劳保〔2008〕324 号）文件规定，1999 年 9 月 30 日前调入海南省的人员要符合国家和海南省的政策才能按照国家规定计算的工龄确认为视同缴费年限，而 1999 年 10 月 1 日—2008 年 6 月 14 日从外省调入海南，要确认视同缴费年限，还需要由所在单位报同级组织人事劳动行政部门审核后补办调动手续，而自 2008 年 6 月 15 日起，从外省调到海南的人员都要到规定的行政部门办理手续，否则其工龄无法认可为其视同缴费年限。此外，对于类似重复缴费等无法享受本省养老待遇，又无法转续养老保险关系的参保人迁离本省的情况，很多省份都不做退保处理，一般都会保留并封存账户，等能够转移时再处理。而海南对这种情况的规定为不再转移基本养老保险关系和归集个人账户，直接终止养老保险关系，将个人账户存储额退还参保人。

（二）政策差异下劳动者交易费用分析

面对五花八门、纷繁复杂的养老保险关系转移政策，劳动者在流动时无疑会承担高昂的交易成本，由此会带来养老保险权益当期和远期的损失。具体分析如下：

一是信息成本。由于不同省份的参保对象、参保条件、单位缴费比例等存在差异，不同地区经济发展水平及社会平均工资也有差异，还有一些省份跨省转移政策包含了机关事业单位转移规定，而一些省份没有，造成这部分的政策空缺，因此劳动者不能盲目流动，在流动前，需要了解和搜寻这些信息，以进行比较和分析，再做出是否流动的选择，而这些都需要付出很高的成本，包括差旅费、时间成本等。

二是沉没成本。劳动者流动时，统筹基金转移 12%，剩下 8% 的养老保险统筹基金会留在原参保地，这对于参保人员而言就是一种权益的损失。尤其是对于临时参保人而言，本来中央规定转移统筹和个人账户的全部资金，而一些省份规定只能转移 12%，或者规定只转移本金不转移利息，这对于临时缴费人员而言，是非常大的损失，因为临时缴费人员不可能在该省享受养老保险待遇，却不能带走单位缴费的全部，在转移时就损失了这部分养老保险权益。另外，只转移本金不转移利息的规定，使劳动者损失了个人账户的利息部分，也造成了养老保险当下权益的损失。由于各省份单位缴费比例不统一，也会造成远期的权益损失。各地用人单位缴费比例：深圳 13%、北京 20%、上海 22%、广州 20%、浙江 14%。各地单位缴费比例不同，按照实际缴费比例转移临时账户人员的统筹基金就会存在转移比例不统一的问题。对于临时参保人员而言，如果从上海转移到广州再转移到浙江再到深圳，那么统筹基金的转移比例就会一路下滑，从 22% 跌至 13%，中间相差 9%，从而造成该参保人养老保险权益损失。最后，对于参保人而言，可能在某个经济发达的省份有若干年的缴费年限，预期的养老保险待遇也较高，但由于政策规定除户籍地外，将缴费满 10 年的地方确定为待遇领取地，这就使参保人在发达省份的缴费年限相对应的养老保险待遇成为损失，参保人短期缴费的地方政府没有按照比例承担参保人的养老待遇支付的责任，参保人的养老保险权益未能实现最大化。

三是谈判成本。劳动者作为弱势群体，在流动时，只能被动地接受中央政府和地方政府制定的政策，在遭遇不公正的待遇时，缺乏畅通的申诉渠道与谈判的平台，若以个体之力来改变政策法令，则要承担巨大的时间成本与人力、物力成本，谈判成本非常高，很多劳动者就只能被动地接受各省份自行规定的政策，或者放弃流动。所有限制劳动者转入和转出的条件都是谈判成本，劳动者的谈判成本可以分为养老保险能够转入的成本和不能转入的成本两类。能够转入的成本是劳动者为了达到转入条件而花费的成本。东部省份是劳动力流入的集中地区，而东部省份为了限制劳动力流入，基本上都制定了限制劳动力流动的政策，包括要有劳动合同，必须要有用人单位，必须在城镇企业就业等，这些给劳动者流动制造了障碍，劳动者要进入这些省份就业，就必须找到用人单位，签订劳动合同，这无疑增加了劳动者搜寻工作的成本。此外，劳动者如果流动到某些省份还要额外缴纳一些费用，如厦门市要求男满 50 岁、女满 40 岁转入养老保险关系要缴纳超龄养老保险费，海南要求未转入利息的应补足其在原参保地缴费之月截至转入时上月的利息，这些费用最后都要由劳动者本人承担，这实际上增加了劳动者的流动成本。养老保险关系不能转入的情况有流动和不流动两类，自由职业或者灵活就业的劳动者无法找用人单位，因此他们要么选择不流动，要么就不管养老保险，流动到这些省份就业，但不流动和流动都是需要付出代价的。不流动的代价就是失去了更好的发展，失去了可能更高的收入水平，由此带来机会成本。而如果流动到这些省份，无法转移养老保险关系，那么达到退休年龄后就无法领取养老保险待遇，造成远期的养老保险权益损失。

四是由于视同缴费年限不能认定和退保带来的成本。视同缴费年限不能认定对于劳动者而言意味着缴费年限的减少，劳动者之前工作的年限无法被视为缴费年限，因此劳动者需要缴费更长时间，直到满足退休条件为止，这造成了劳动者当下月支出的增多。与此同时，养老保险待遇是多缴多得，缴费年限越长，待遇越高，而视同缴费年限不能认定意味着劳动者缴费年限变短，退休后的养老保险待遇也会变少，这就造成了远期养老保险权益的减少。退保的成本更高，因为退保意味着之前缴纳的养老保险统筹部分的权益完全丧失，缴费年限完全作废，这就导致劳动者之前的养老保险权益无法兑现，当下丧失了养老保险统筹部分的基金，而远期又失去了部分养老保险待遇，导致劳动者失去了化解老年风险的保障。

第四节　小结

我国劳动力陷入养老保险流动性困境的原因有二：其一是历史原因。我国养老保险制度依人群设计，现行的城镇职工基本养老保险、机关事业单位养老保险、城乡居民社会养老保险三种养老保险制度在覆盖人群、基本原则、缴费主体、缴费方式、筹资模式和待遇水平等方面都存在差异，各制度封闭运行，之间没有衔接政策，在不同人群间形成了制度壁垒。其二是我国养老保险统筹层次停留在市县一级。这就表明我国存在着成百上千的统筹区域，各统筹区域在统筹层次和对象、筹资模式和计发模式等方面都存在较大的差别，导致各统筹区域的制度各不相同，难以相互转移接续。养老保险的制度壁垒和统筹层次壁垒问题之所以存在，其根源在于养老保险各交易主体之间不同的利益诉求。制度壁垒的形成源于不同人群在追求自身养老保险权益最大化的过程中产生的利益冲突，由于不同人群在博弈中的地位不同，机关事业单位覆盖人群在博弈中处于强势地位，而企业职工及农民、无业居民在博弈中处于弱势地位，博弈的结果自然不利于弱势群体，导致博弈非均衡。统筹层次壁垒的形成源于中央政府、地方政府、雇主和劳动者在养老保险中的利益诉求不统一。无论是中央政府还是地方政府，其在利益博弈中都占有绝对优势，雇主出于自身利益最大化的考虑，也不会采取有利于劳动者的策略，处于劣势地位的劳动者无疑会在非均衡的博弈结果下承担巨大的交易费用。通过对现行养老保险关系转移的政策差异分析发现，就不同养老保险制度间转移政策现状而言，虽然现存制度间存在巨大差异，养老待遇显著偏离公平性，但机关事业单位改革仍然举步维艰，就是因为占据优势的既得利益人群缺乏建立衔接制度的动力。因为覆盖他们的制度具有相当大的优越性，他们本身对养老保险可携性的需求不高，而企业职工的流动性较大，对于养老保险的可携性需求很大，但在现行的制度安排下承担了巨大的交易成本。就各省份制定的城镇企业职工养老保险关系转移接续政策现状而言，各省份为了维护地方利益，在养老保险关系转移政策中都设置了限制性的政策，以阻碍劳动力的流入或流出，目的在于防范未来可能带来的经济损失。

劳动者在纷繁复杂的养老保险关系转移政策下流动就业，无疑会承担高昂的交易成本。

要想解决制度"碎片化"造成的养老保险流动性损失问题，维护劳动者的养老保险权益，降低劳动者的交易费用，就必须打通制度间的通道，让劳动者能够自由流动，进而从根源上解决不同养老保险主体的利益冲突问题，实现养老保险利益博弈均衡。如何在不同制度间建立通道、平滑养老保险制度间的摩擦？如何缓和不同交易主体的利益冲突，在满足各方利益诉求的基础上，防范可能带来的养老保险权益损失？这些问题构成了下一章的主要研究内容。

第四章　养老保险流动性损失：
经验借鉴与路径选择

第一节　欧盟防范养老保险流动性损失的经验

作为世界上一体化程度最高的国际组织，欧盟实现了商品、服务、资本和人员自由流通的目标，堪称一体化的典范，其中关于养老保险权益损失问题的成功经验更为许多国家广为借鉴。欧盟没有单一、统一的社会保险体系，各成员国经济发展水平差别巨大，养老保险制度也有很大不同，但欧盟将劳动力自由流动作为一项基本原则，各国之间劳动力流动十分频繁。虽然在主权国家之间协调养老保险关系转移问题十分艰难，但欧盟对成员国的劳动者跨国流动就业时养老保险关系转移的衔接顺畅有序，使养老保险流动性损失得到了有效防范。

一、欧盟防范养老保险流动性损失的必要性及难点

（一）欧盟各国社会经济发展水平差异巨大

欧盟各国经济发展水平差异巨大，从 2004 年欧盟最大一次扩盟至 2013 年 7 月第 28 个成员国加入，欧盟从原有的 15 个成员国迅速扩展为 28 国，包括丹麦、保加利亚、匈牙利、卢森堡、塞浦路斯、奥地利、希腊、德国、意大利、拉脱维亚、捷克、斯洛伐克、斯洛文尼亚、比利时、法国、波兰、爱尔兰、爱沙尼亚、瑞典、立陶宛、罗马尼亚、芬兰、英国、荷兰、葡萄牙、西班牙、马耳他和 2013 年 7 月加入的第 28 个成员国克罗地亚。与原有的 15 个国家相比，新加入的 13 个国家基本上都是中东欧比较贫穷的国家，大多数经历过经济转轨，其市场经济发展程度还不够完善和健全，与西欧发达国家的经济体制相比，差异巨大。2009 年希腊债务危机后，欧盟经济复苏缓慢，各成员国的复苏态势大相径庭：卢森堡、斯洛伐克、立陶宛等

国家复苏态势较好；而德国、法国等大多数国家仅有小幅度增长；更为弱势的拉脱维亚、爱沙尼亚、匈牙利、希腊等国家经济复苏的迹象不明显。纳入经济发展水平较弱的中东欧国家实际上降低了欧盟老成员国的一体化速度。为了帮助这些国家，欧盟给予其大量的经济支持，并且被迫允许成员国按照经济发展水平高低实施核心和外围国家分步走的多速欧洲战略，这又在一定程度上增加了欧盟协调各国发展的难度。另外，欧盟内部的货币和财政主权分别由欧洲央行和各成员国管辖，两个主体的经济发展目标不一致，欧洲央行与各国间的利益博弈自然难以避免。根据欧盟 2021 年人均国内生产总值统计数据，欧盟 27 个成员国（2020 年底，英国"脱欧"）之间的经济发展水平差异很大，中东欧成员国人均国内生产总值远远低于西欧和北欧成员国。在人均 GDP 最高的 5 个国家中，人均 GDP 最高的国家是卢森堡。2021 年，卢森堡的人均 GDP 高达 136 701 美元。其次是爱尔兰，人均 GDP 高达 99 013 美元。第三为丹麦，人均 GDP 为 67 920 美元。第四为瑞典，人均 GDP 为 58 639 美元。第五为荷兰，人均 GDP 为 57 715 美元。此外，人均 GDP 在 50 000 美元以上的国家还包括芬兰、奥地利、比利时和德国，而人均 GDP 最低的四个国家依次为：匈牙利人均 GDP 为 18 968 美元，波兰人均 GDP 为 17 815 美元，罗马尼亚人均 GDP 为 14 667 美元，保加利亚人均 GDP 为 11 684 美元。最富国家人均 GDP 是最穷国家的十倍还多。此外，整个欧元区不同国家的失业率水平仍然存在很大差异。与以往一样，2022 年，希腊和西班牙的失业率最高，分别为 11.6% 和 12.5%。捷克（2.1%）和德国（3%）的失业率最低。荷兰失业率为 3.7%，在欧盟中排名低失业率第六。

（二）欧盟范围内劳动力跨国流动频繁

移民数量和流向能够反映欧盟内部劳动力流动的数量和趋势。欧盟内经济发展水平的差异导致劳动力从相对贫穷的国家向较为富有的国家流动，这种情况在东欧国家加入后更为明显。由于东欧国家人均收入差距远低于老欧盟成员国，而欧盟的国民待遇政策使贫穷国家的剩余劳动力有向富国流动的机会，导致欧盟出现移民潮。自欧盟 2004 年扩盟以后，有超过 44 万人从东欧国家涌入英国。德国的移民增长速度更为惊人，2015 年至 2020 年间，德国移民人数增加了 500 多万，其中大多数的迁入群体来自波兰。2019 年，欧盟内部流动人口数量继续增加，1970 万欧洲人在另一个欧盟国家生活，其中 1 300 万人处于工作年龄。而这些人绝大多数是高技术工人。约有 46% 的工作年龄欧盟移民居住在德国和英国，另有 28% 居住在法国、意大利和西班牙。罗马尼亚、波兰、意大利、葡萄牙和保加利亚仍然是流动工人，尤其是在职流动工人的五个最重要的来源国。欧盟公民可以随意前往欧盟成员国工作定居，并且享受当地社会福利，这也刺激了欧盟整体经济的发展，让有能力者可以前往其他收入更高的国家生活工作，罗马尼亚、保加利亚、立陶宛、拉脱维亚也随之成为进入欧盟大国的主要人口流出地。

（三）欧盟各国基本养老保险制度差异巨大

欧盟各国尤其是新老成员国之间在经济发展水平、政治背景和历史文化等方面有着很大差别，因此基本养老保险制度存在巨大差异。

新入盟的养老保险成员国如波兰、匈牙利、捷克、斯洛伐克、斯洛文尼亚、立陶宛、拉脱维亚、爱沙尼亚等国家中不少国家都沿袭了苏联计划经济体制下的国家保险模式，保险费由企业、国家承担，个人不缴费，养老金替代率较高，通常在 75% 左右，且没有补充养老保险。这些国家加入欧盟后，面临着经济体制和养老保险制度同改革的双重任务。但就西欧老的欧盟国家而言，其间也存在明显的养老保险制度差异。无论是覆盖对象、最低参保年限还是缴费主体和待遇水平等都存在巨大的差别。例如，从覆盖对象看，瑞典、丹麦、荷兰等国将所有公民都纳入公共养老金的范畴；德国则为农民建立了独立的养老保险制度；法国的公共养老保险制度更为复杂，普惠型的制度分为包括工业、商业、服务业等私人部门的工薪阶层的普通制度，覆盖所有农业经营者和农业工资收入劳动者的农业制度以及覆盖公务员、职业军人、地方公共机构人员、法国铁路公司（国营）、电气煤气工作人员、矿工、海员的特殊制度和覆盖所有自由职业者的自由职业制度。每种制度的养老金标准不同，导致法国的公共养老金制度像一个包括了不同阶层和产业的"拼图"。从缴费主体看，希腊由国家、雇员和雇主三方共同承担，荷兰和法国由国家承担缴费责任，奥地利和丹麦国家全额负担保险费，而瑞典的公共养老保险由国家给予很高的缴费补偿。瑞典、芬兰、丹麦和荷兰四国是典型的福利国家，虽然劳动者个人缴纳的税收很高，但能够享受政府提供的"从摇篮到坟墓"的福利。德国、法国、卢森堡、奥地利等国也实行政府主导的国家福利制度，其特点为国家干预性强，福利水平高，养老金替代率基本在 80% 左右，而希腊的公共养老金替代率更是超过了 95%。对于最低参保年限的要求，荷兰最为宽松，无资格限制，卢森堡要求参保人缴费不低于 129 个月，丹麦要求参保人年龄期间为 15 ～ 67 岁且在本国居住年限不低于三年，葡萄牙要求缴费或视同缴费 15 年且每年必须有 120 个缴费记录日。①

二、欧盟防范养老保险流动性损失的制度安排

欧盟防范养老保险流动性损失的制度安排是在长达几十年的不断实践中建立起来的。在这一过程中，欧盟一直以"多元利益协调"为基本原则，在此基础上制定了"欧盟社保法令"并由此实现了欧盟成员国之间劳动力养老保险权益自由流动的目标。

（一）防范流动性损失的原则

"多元利益协调"是欧盟在社会保障制度中一贯坚持的基本原则。早在1957 年欧共体建立之初，"协调原则"就已经成为各国的共识。《欧洲经济共同体条约》第四十八条规定在各国劳动者之间取消就业、报酬和其他劳动条件方面的一切歧视，并且全体一致同意制定有关社会保险的必要措施，以实现劳动者的自由流动。对于不断扩大的欧盟而言，虽然要形成一种一体化的社会保障制度，但这并不意味着要强制实现制度的统一，因为在欧盟内部，各成员国都有各自的利益诉求，欧盟作为权力有限的超国家联盟，很难将所有成员国的养老保险制度统一，加之各国养老保险制度都各自有路径依赖性，因此不可能实现短时期内达成一致，欧盟以"多元利益协调"为原则，在各国保持各自原有的养老保险制度的基础上确立一个各国都能够接受的方案，以解决涉及多国利益的社会保障问题，这个方案就是"欧盟社保法令"。它包括了 1971 年颁布的《关于适用于薪金雇员和自由职业者及其家属在共同体内流动的社会保障制度的条例》和 1972 年颁布的《关于上述条例的适用方法的条例》两个文件。这两个文件适用的对象包括成员国或第三国的受雇或自雇人以及他们的家庭成员，正在学习或者接受培训的人员及其家庭成员也适用于此条例。在"多元利益协调"的基础上，"欧盟社保法令"的设计主要依据以下几个原则：

第一，贡献性福利可输出原则。欧盟各个成员国提供给本国公民的福利是不同的，荷兰等福利性国家提供的福利非常多，包含了一个人"从摇篮到坟墓"的各种福利。而其他国家尤其是新加入欧盟的中东欧较为贫穷的国家，其福利待遇相对而言就很少。福利对于一个国家而言也是一种成

---

① 郭喜、白维军：《开放性协调：欧盟养老保险一体化及启示》，《中国行政管理》2013 年第 4 期，第 98—101 页。

本，如果为所有到本国工作的劳动者提供等同于本国国民的福利待遇，那么就意味着该国财政支出的增加，对于劳动力输入大国而言，会形成巨大的负担。但对于劳动者而言，进入某国工作，并为该国的经济发展做出了贡献，却难以获得相对应的社会福利，也造成了不公平。在多元利益协调的基础上，欧盟将社会福利明确划分为贡献性福利与非贡献性福利。非贡献性福利只适用于成员国本国范围，不具有流动性，不可输出，如疾病、生育福利等。这类福利必须是特殊的、与劳动贡献无关的，并且其特殊性必须是与该国社会环境密切相关的。贡献性福利是指与劳动者经济参与相关的福利，主要是养老保险。贡献性福利按照责任分担的方式输出，就是说成员国要承担劳动者在其国家工作时间段的养老保险责任，并按照相应的比例支付养老金。这种贡献性福利可输出原则既满足了劳动者流动的需要，又使劳动者在退出劳动力市场回国养老时，能够获得相对公平的养老保险权益。虽然这样会导致资金从富裕国家向相对贫穷的国家流动，但这部分资金是贫穷国家的劳动者在做出劳动贡献后获得的，不同的国家应当按比例承担，这也是为各国所接受的。

第二，国民待遇原则。国民待遇原则以欧盟公民资格为载体，具体体现在1408/71号条例和《马斯特里赫特条约》中。1408/71号条例规定欧盟范围内所有公民与成员国的国民一样有相同的权利与义务。这一规定有效地避免了因国籍或申请条件限制而导致的对非国民的歧视。欧盟公民资格制度就是对这一规定的深化。1993年签订的《马斯特里赫特条约》提出了欧盟公民资格这一概念，规定欧盟成员国的国民都是欧盟的公民，并赋予欧盟公民在其成员国各国享有自由流动、居住、选举和被选举等权利，这一制度保障了劳动者在流动到欧盟其他国家就业时，其权益能够得到更多的保护。欧盟公民资格是一种超公民的资格制度，它使原本只在单一民族国家内的权利和义务被扩展到了整个欧洲联盟内部，使成员国的界限被扩大到一个超民族的共同体范围内，这样无论劳动者在欧盟范围内如何流动，都始终被养老保险政策所覆盖，只要劳动者流动到某成员国居住，为该国做出了经济贡献，并履行该国法律规定的各项义务，那么劳动者就应当获得该国社保经办机构提供的与本国国民相同的社会保障待遇，也就是"国民待遇"。国民待遇避免了国籍歧视，使劳动者的各项社会保障权益得到了更多的保护，尤其是使受到劳动者流动影响的养老保险权益损失得以在最大限度上降低。

第三，单一国和聚集原则。单一国是指劳动者在一个时期内，只能被其所工作的成员国的社会保障政策所覆盖，也就是说劳动者只能被纳入一种社会保障制度。这样，劳动者在某一时期只需要在工作地所在的国家参保和缴费，避免了劳动者因为重复参保缴费而造成的经济损失，同时使劳动者的参保缴费以工作地为标准，对劳动者因重复享受社保待遇而造成的道德风险进行了有效防范。另外，以工作地为标准，确定社会保障的待遇支付责任，这对于雇主而言，无论选择本国的劳动者还是其他成员国的劳动者，都执行工作地所在国的社会保障制度，雇主无论雇用哪个国籍的劳动者，其所付出的社会保险成本都是一样的，这样就有效避免了雇主对劳动者的国籍歧视。聚集原则是指当劳动者达到退休年龄，申请养老保险待遇时，要综合劳动者在各国工作、居住和缴费的情况，以最有利于劳动者的方式来计算劳动者的待遇。这样做能够保证劳动者即便在其一生中多次跨国流动，其在退休时所获得的养老保险待遇不会比始终在一国工作的劳动者差。

（二）防范流动性损失的具体措施

在上述基本原则的基础上，欧盟还形成了协调各国利益和维护劳动者权益的具体措施，内容如下：

养老保险记录和缴费暂时冻结。劳动者在流动过程中，其养老保险缴费不会随着劳动关系的变化而发生转移，而是由劳动者的原参保地，也就是流出地保留劳动者的养老保险缴费记录及养老保险费，将其冻结起来，劳动者工作变换中涉及的参保地都将其工作时期的养老保险记录与缴费暂时冻结，直到劳动者达到退休年龄和条件，再按照规定发放给劳动者。

养老保险权益累计计算。欧盟中一些成员国对劳动者参加基本养老保险的待遇领取条件中有最低缴费年限的限制。以德国为例，其要求参保缴费年限至少达到5年以上，才能够获得相应的养老保险待遇，而许多频繁流动的劳动者可能无法达到最低参保缴费年限，这样就可能会丧失这部分缴费的养老保险权益。为了使劳动者的权益得到最大程度的保障，欧盟规定劳动者在各成员国的参保缴费年限可以连续累计，最后全部计算。例如，一个劳动者在德国参保缴费4年，在荷兰、法国和意大利参保缴费各2年，合计参保缴费年限为10年。虽然实际上并没有达到德国最低5年的参保缴费年限，但是在养老保险权益累计计算的规定下，将劳动者在其他成员国的参保缴费年限连续累计在一起，得出了10年的缴费年限。这一缴费年限已经超过了5年，因此将其视为达到了德国参保缴费年限的要求。

养老保险待遇居住地申请。达到退休年龄及养老金领取条件的劳动者在申请养老金时，要先到居住地所在国的社保机构，告知其跨国工作及参保缴费情况，并提出养老金待遇支付的申请。接到劳动者的支付申请后，居住地所在国的社保机构就会把劳动者的个人身份信息、社会保险号、支付养老金的银行及其他福利待遇和申请书等资料寄给劳动者曾经工作过的所有国家的社保机构。各社保机构在收到这些资料后必须做出反馈，并对劳动者的具体情况进行确认。最后，由居住地国家的社保机构汇总全部信息，并对涉及的社保机构提供一份详细的关于劳动者整体参保缴费信息的记录，以便这些国家承担各自的支付责任。

养老保险待遇分段计算。劳动者最后获得的养老金是通过其所工作过的成员国的参保缴费记录分段计算得出的。劳动者在某地工作参保超过一年，那么该国就必须在其退休后计算并支付相应年限的养老保险待遇。在劳动者提出申请后，以居住地国家汇总的养老保险参保的整体记录为依据，各成员国要分别计算出劳动者在本国超过一年的参保缴费年限所对应的养老保险金。欧盟要求各成员国计算出的流动劳动者的养老金待遇不应低于同时期内一直在本国内工作的劳动者的养老金待遇。计算完后，各国将按照劳动者在本国的参保年限，按比例给劳动者支付养老金。

养老保险待遇比较支付。成员国在计算劳动者的养老保险待遇时，不仅会计算出本国应当支付的养老金比例，还要计算劳动者仅在本国内缴费能得到的养老保险金，以劳动者权益最大化为理念，对比两种算法下劳动者能获得的利益大小，哪种算法能够使劳动者获得的养老金更高，就按照哪种方法支付。

第二节　欧盟降低劳动力流动性损失的制度安排对我国的启示

我国的养老保险统筹层次停留在 31 个省级行政区域层面，并且存在养老保险制度依人群设计的碎片化现状，这导致劳动力流动中，交易费用过高，养老保险权益受损。欧盟成员国与我国统筹区域数量相当，主权国家之间的养老保险制度差异比我国的制度更加复杂，但在防范养老保险流动性损失方面取得了成功。从交易费用的角度看，其每一项制度安排都降低了劳动者在流动中的成本，值得我国借鉴。

一、欧盟降低养老保险流动性损失的制度理念对我国的启示

（一）路径依赖下的"利益协调"理念

对于一项制度而言，制度理念是位于制度安排之上的，有什么样的理念就有相对应的制度安排。制度的路径依赖特性使制度本身会按照已有的轨迹向前发展，无论好还是不好，对于制度路径的纠正都会异常困难。因此，在制度安排时，应当遵循客观规律。路径依赖就是制度的客观规律，养老保险制度也具有路径依赖性。欧盟国家的数量多，各国经济发展水平差异大，养老保险制度更是存在不同的历史渊源及经济文化背景。虽然成为欧盟的一员，但立刻将不同国家的养老保险制度统一起来，显然难度巨大，因此欧盟采取了"利益协调"的方式：首先，承认各国之间的养老保险制度差异，这就使各国养老保险制度仍然能够在一段时间内继续按照其自有的轨迹发展，不会因为加入欧盟而发生制度变革，有效避免了可能由此带来的经济成本和社会成本；其次，在各国养老保险制度间建立制度通道，使劳动力在欧盟流动时，有相应养老保险衔接制度为依据，由此避免了劳动者因跨国流动就业而带来的养老保险权益损失。在利益协调的理念下，欧盟的各项规定都是以协调各国利益为基础的。虽然欧盟各成员国之间有各自的利益诉求，但欧盟的协调机制使各成员国都能遵从共同目标。欧盟规定的贡献性福利可输出原则实际上使养老保险作为一项社会福利具有了可携带性，无论劳动者到哪里工作，只要为该国做出了贡献，就能够获得该国的贡献性福利。这一原则从根本上化解了各国之间的利益冲突。这种利益协调的理念应该为我国所借鉴。由于我国经济发展存在南北差异和东西差异，各地区也存在着不同的历史文化背景，因此养老保险制度存在着较大差异；加之我国目前依人群设计的养老保险制度存在很大的差异性，使我国养老保险制度也存在路径依赖。虽然目前我国的养老保险制度已经暴露出许多弊端，但想要进行一蹴而就的制度变革，显然是不切实际的。因为制度变革需要有相应的基础，这包括政治基础和经济基础，如果不考虑现有的实际情况而进行制度变革，最终不但会付出高昂的成本，而且很可能以失败告终。因此，目前对于我国的养老保险现状而言，还是应当以"利益协调"为理念，以不损害不同人群和不同地区政府的利益为基础，在制度间建立衔接制度，使现有制度条件下，不同的劳动者能够在不同养老保险制度间和不同统筹区域间自由流动。

（二）协调理念下的渐进一体化目标

利益协调并不是一味妥协，当制度安排难以满足制度主体的需求时，旧制度终将被新制度所替代。虽然欧盟在实现养老保险一体化的过程中并没有采取激进的强制统一政策，而是以多元利益协调为理念，但养老保险制度一体化是欧盟最终要达成的目标。欧盟制定的"开放式协调机制"使各国在欧盟理事会的指导下进行养老保险政策改革，使各国养老保险政策向欧盟的共同目标缓慢靠拢，以保障所有老年人能够获得保障最低生活水平的养老金为最基本的共同目标，要求成员国提供各自的养老方案。通过成员国定期提交的养老保险发展战略报告，欧盟能够把握各国的养老保险制度现状以及政策规划，随后通过评估和指导可以确保各国养老保险制度的改革方向始终与欧盟共同目标相一致，即向着养老保险一体化的目标靠近。

二、欧盟降低养老保险流动性损失的具体措施对我国的启示

（一）国民待遇原则降低信息成本和谈判成本

国民待遇原则是指劳动者无论到哪个国家工作或居住，只要其具有欧盟公民资格，都会与成员国本国公民享有相同的待遇。这样劳动者在流动就业时，就不需要了解各国的养老保险制度，由此降低了信息成本。由于各成员国对欧盟公民都实施与本国一致的养老保险待遇，这样成员国和雇主就没必要歧视其他劳动者。反过来，劳动者就不需要为了满足各种苛刻的进入条件而花费人力成本和物力成本，完全可以很自由地进入某个成员国工作。只要与该国国民一样参保缴费，并履行相应的义务，就能够自动被纳入该国的养老保险体系，并最终获得相应的养老保险待遇，由此降低谈判成本。

（二）单一国原则降低沉没成本

单一国原则使劳动者始终被一个成员国单一的养老保险制度覆盖，这样劳动者就不用重复缴费，因为即便重复缴费也不可能重复享有养老保险待遇。重复缴费就是一种无用的支出，而避免重复缴费实际上就降低了劳动者的沉没成本。

（三）居住地原则降低信息成本

居住地申请原则降低了劳动者的信息成本。劳动者在工作期间可能在许

多国家参保缴费，并留存有缴费记录，但是当其退休时，可能早已忘记自己的具体参保情况，就需要由劳动者自己采集并汇总自己的参保缴费信息。这样一来，劳动者可能需要到各国的经办机构获取资料，这无疑要支付很高的信息成本。而居住地申请原则使劳动者只需在最后的居住地国家提出养老保险待遇支付申请就可以了。个人参保信息的搜集、汇总和核对、递送都由居住地国家的社保机构办理，养老保险待遇的支付由劳动者参保过的各国的社保经办机构办理，有效降低了劳动者的信息成本。

（四）具体分配方案降低沉没成本

促进劳动力流动和劳动力市场一体化还是要从降低劳动者的各项成本入手。这就需要在具体的分配方案上始终将维护劳动者的养老保险权益放在第一位。欧盟在劳动者养老保险分配的具体方案方面采取暂时冻结、累计计算、分段计算和比较支付四项措施，从而有效降低了劳动者的沉没成本。暂时冻结保证劳动者无论在哪国缴费，当离开时这部分缴费都会留在该国并有明确记录。当劳动者达到退休年龄，根据他在不同国家的工作年限，分别按照相应国家的规定计算待遇，不足一年的参保年限由劳动者退休前工作所在国接管，这些零散的参保年限也被计入劳动者的缴费年限中，最后劳动者在各国的工作时间可以累加计算。这样一来，劳动者的所有工作时间和缴费都有对应的国家接管，并且各国会按照比较支付的原则，以最有利于劳动者的方案支付养老金待遇，让劳动者所有工作年限和缴费都能够得到最大的回报，使劳动者的养老保险权益覆盖没有盲区，在最大限度上降低劳动者的沉没成本。

第三节　建立衔接制度：路径依赖下的权宜之计

我国养老保险制度碎片化的现状是我国历史和国情决定的，受到路径依赖的影响，养老保险制度会在原有制度的惯性下按照先前的轨迹发展，并且养老保险制度的政策影响可能会持续几十年，影响几代人。因此养老保险制度的改革不是一朝一夕就能够完成的，需要有很长一段时间的准备，是一个由量变到质变的过程。要解决劳动力流动中的养老保险权益损失问题，应当借鉴欧盟的经验，以"利益协调"为理念，通过缓和不同人群间的利益冲突，在制度间建立衔接通道，由此减少制度摩擦引起的交易费用，降低劳动者在流动中的养老保险权益损失。目前，我国劳动力流动中存在的制度壁垒和统筹层次壁垒是由于不同利益主体基于利益诉求进行利益博弈的结果。要想缓和利益冲突，必须通过利益协调来实现。

一、以"利益协调"为理念缓和交易主体的利益博弈

（一）缩小不同人群间的养老保险待遇差距

人群间的利益冲突主要来自不同人群被不同的养老保险制度所覆盖，并由此造成其养老保险待遇的巨大差距，从而形成了人群间的不公平，因此利益协调应当以增进养老保险权益的公平性为出发点，在现阶段不可能实现绝对公平的情况下，以相对公平为目标，缩小不同人群间的养老保险待遇差距。目前，我国养老保险待遇最好的是公务员，其次是事业单位工作人员，再次是企业职工，待遇最差的是城镇和农村的居民。这种不公平已经成为人民内部矛盾，被不同人群，尤其是参保人数最多的企业职工所诟病。为了缓和这种矛盾，国家一直在上调企业职工的养老金比率。2022 年 5 月《人力资源社会保障部 财政部关于 2022 年调整退休人员基本养老金的通知》提到"全国调整比例按照 2021 年退休人员月人均基本养老金的 4% 确定。各省以全国调整比例为高限，确定本省调整比例和水平"。但考虑到物价上涨和通货膨胀的因素，企业退休职工的退休待遇并没有实质上的大幅度增加。与此同时，机关事业单位退休人员的养老金不断增加。在这种情况下，为协调不同人群的利益冲突，应当继续提高企业职工养老保险待遇，并且使养老保险的提高幅度与我国的经济增长、工资水平和物价指数相关联，使企业职工获得实际货币有较大幅度的增加。除了城镇企业职工外，还应当进一步提高城镇居民和农村居民的养老保险待遇。这两类人群的养老保险替代率最低，虽然他们缴纳的养老保险费较低，但是他们作为劳动者也通过缴费的形式体现了对国家的贡献，也应当分享经济发展的成果，因此这类人群的养老保险待遇应当得到提升，以体现社会养老保险化解老年风险、保障老年生活的功能。

（二）通过协调机制缓和地方政府间的利益冲突

虽然中央政府规定了劳动者跨区域转移的办法，许多地方也出台了相应的政策，但劳动力流动的实际情况显示该办法的效果并不理想。中央政府要求地方政府承担责任并不意味着地方政府责任的顺利实现，这是因为现有

政策下，地方政府间在劳动力的转入和转出上存在利益冲突，劳动者在各统筹区域之间流动，经常会遭遇因为地方政策不统一而无法流动，或者经办机构的具体经办流程不一致而导致流动障碍。要想降低劳动者流动中的交易费用，就需要在地方政府间建立协调机制。比如，利用协调机制确保现行政策中的差异能够互通互认，如此一来，一旦劳动者在具体办理养老保险关系转移政策时出现操作方面的不一致，转入地与转出地经办机构能够及时相互协调。地方政府间不会因为劳动者的流动造成过多的利益损失，在维护各地方政府地方政策持续性与稳定性的同时，最大限度地降低劳动者的交易费用。

二、通过制度衔接降低劳动者跨制度流动性损失

（一）建立统账结合的机关事业单位养老保险制度

自 1955 年至今，现行的机关事业单位养老保险制度已历经近 70 年的历史，它对保障我国机关事业单位退休人员的生活、维护社会安定、促进社会和谐等都发挥了重要的作用，这是这一制度带来的正面效应。但在过去的几十年间，中国经历了翻天覆地的变化，生产力有了大幅度提高，经济制度也由原来的计划经济转变为市场经济。而产自计划经济时代的机关事业单位养老保险制度显然已经不适应我国经济社会的发展要求，并且成为阻碍劳动力自由流动的障碍。建立统账结合的机关事业单位养老保险制度能够解决当前两个最为棘手的问题：一是能够统一机关事业单位养老保险制度；二是能够缩小机关事业单位与企业之间的待遇差距。

当前，我国机关事业单位的养老保险制度比较混乱：一些地方沿袭原有的政策，职工在职期间不需要缴纳任何费用，退休后的养老金由财政全额拨款支付；一些地方在国家政策指导下出台了事业单位养老保险制度试点，如山西、上海、广东、浙江和重庆五地成为国家指定的事业单位养老保险制度试点，深圳甚至开始试点公务员养老保险制度改革。各级经办机构按照地方政策执行本地的机关事业单位养老保险政策，导致参保对象、缴费基数、缴费比例、待遇支付和管理机构方面存在差异，政策出现了多样性和不配套。在这种混乱的情况下，机关事业单位养老保险与其他制度的衔接政策很难建立。

改革机关事业单位养老保险的关键就是将其纳入统账结合的养老保险制度体系。虽然机关事业单位的职工特别是公务员都是受雇于国家的，但是并不意味着可以不缴纳养老保险费，个人也应承担自己的那份责任，因此应

当建立国家、单位和个人三方共同负担的机关事业单位养老保险制度，实行统筹账户和个人账户相结合的部分积累制，个人账户的基金由机关事业单位职工自行缴费形成，统筹账户由所在单位缴费形成，在养老保险待遇支付方面，也应当采用社会化发放，从统筹基金和个人账户中支出，而不是由财政直接拨付。这样不但能够体现养老保险权利与义务相对等的原则，而且体现了机关事业单位与其他雇主在缴费责任方面的公平性，有利于缓和人群间的矛盾。

福利是具有刚性的，养老保险作为一项重要的权益，其福利刚性更为明显，机关事业单位养老保险制度改革不能通过制度降低其职员的养老待遇，因为降低机关事业单位职员的养老待遇不是改革的目的，改革的目的应该是体现养老保险的公平性，便于制度间的衔接。在养老保险替代率方面，目前机关事业单位替代率普遍高于90%，这与企业不到60%的替代率相比，显失公平，应当有所降低。根据发达国家公职人员现行养老保险的替代率水平，可以暂定为70%左右。为了吸引人才和留住人才，机关事业单位应当增加养老补贴，通过补贴的形式体现作为国家公职人员待遇的优势，同时弥补养老保险替代率下降的损失。总之，改革后的养老保险待遇水平不能低于当前的水平。全国统一、统账结合的机关事业单位养老保险制度使劳动者在不同制度间衔接转换时的统筹账户和个人账户都是一一对应的，这不仅便于经办机构操作，还有利于降低劳动者的交易费用。

（二）在不同养老保险制度间建立衔接制度

目前，劳动者在依人群设计的不同养老保险制度间难以自由流动，造成了很大的养老保险权益损失。为解决这一问题，必须尽快建立不同人群间的养老保险衔接制度。事实上，有一些省份已经建立了机关事业单位和城镇企业职工养老保险之间的转移接续办法，但为了避免制度不统一带来的交易费用上升，仍应从中央层面建立全国统一的衔接转换办法。在制度间建立衔接转换机制，要以不同制度间养老保险待遇的不断缩小为基础，在此基础上，先建立城镇企业职工与机关事业单位的养老保险关系转移接续办法，之后将城镇与农村养老保险统一为城乡居民养老保险，并建立城镇企业职工与城乡居民的养老保险关系转移接续办法。当前，在短期内不可能建立全体公民统一的养老保险制度，因此在制度间建立转移接续机制便成为一种利益协调。通过在各自独立且封闭运行的制度之间建立通道使劳动者在不同的制度之间自由流动，既可以让劳动者的交易费用得到了最大限度的降低，使劳动力流动的养老保险权益损失得到有效防范，又是一种公平的体现，使劳动者更有动力向待遇更好的阶层奋斗。

三、降低劳动者跨区域流动性损失的制度安排

（一）合理划分中央与地方政府间的责任

合理划分中央政府与地方政府间的责任主要体现在明确养老保险的兜底责任方面。在当前政策下，养老保险统筹基金由各统筹区域独立核算，基金的运营与养老金的发放也都是由地方政府独立实施的，一旦出现养老保险统筹基金收不抵支的情况，需要由地方政府承担兜底责任，从本级政府的财政预算中拨付资金维持养老金的发放。在这种情况下，要缓和中央与地方政府及地方政府间的利益冲突，中央政府必须承担兜底责任，通过补贴的形式降低地方政府的养老金支付压力。为了避免地方政府过度依赖中央补贴，可通过对统筹基金结余额、社会平均工资和养老金替代率等指标建立一套评价标准，当这些指标低于某个水平时，就由中央政府发挥兜底责任，给予该地相应的补贴，在该水平之上，仍由地方政府发挥兜底责任，这既减轻了地方政府的财政压力，又不至于使中央政府的负担过于沉重。

（二）制定相关法律降低劳动者的信息成本和谈判成本

法律的效力大于政策，要保证全国范围内实施统一的养老保险衔接转换制度，还要将制度提升到法律的层面，以法律的形式确保其实施。目前我国实行的养老保险关系转移暂行办法虽然是由国家颁布的，但是各省份根据国家政策又制定了各自的养老保险关系转移政策，这些地方性的政策存在很大的差异性，其转移对象、转移范围、统筹基金转移比例等都存在着不一致，呈现出多样化和复杂化，给劳动者在各省流动就业造成了很大阻碍。如果能够在全国范围内出台一部养老保险法，以法律的形式将规定养老保险关系转移接续的具体细则建立在政策统一的基础上，那么劳动者无论是跨域转移还是跨制度转移，都能够有法可依。由于全国的养老保险转移接续办法是法定的，劳动者也就不用了解各省的具体政策安排，这样就节约了信息成本。此外，当发生纠纷或地方政府不按国家法律办理时，劳动者可以通过法律赋予的权利维护自身的养老保险权益，由此降低了其与地方政府的谈判成本。

四、科学的"分段计算"方法

在劳动力流入和流出时，制度壁垒和统筹层次壁垒使不同交易主体间产生利益博弈，最终导致劳动者交易费用过高。通过借鉴欧盟分段计算的经验，参照席恒教授《两岸四地养老保险制度比较及可携性研究》的成果，运用养老保险关系转移的科学计算方法，即实施"工作地缴费、分段记录与计算、养老地结算、基础养老金调剂、退休地发放"[①]，既可以维护劳动者的养老保险权益，又使地方政府承担了有限的责任，降低了地方政府养老金支付压力和财政风险。工作地缴费就是劳动者在哪里工作，就在哪里缴费。当劳动者离开工作地，到其他地方工作，则将其缴费的权益记录并保存下来。无论劳动者在其一生中更换过多少岗位，其缴费记录都记载了缴费情况。这样到劳动者达到养老保险待遇领取条件时，他的权益记录就得到了连续记载，并可以由此计算出各地应对其承担的养老责任。

如何进行分段记录与计算非常关键，因为计算方法直接决定了劳动者是否能够从他所工作并缴费的养老保险统筹区域获得公平的养老金替代率。对于跨统筹区域流动的劳动者而言，可以通过以下公式计算出积累的基础养老金水平：

$$F = \frac{a}{15} \times A + \frac{b}{15} \times B + \frac{c}{15} \times C$$

a：制度 A 中的缴费年限；

b：制度 B 中的缴费年限；

c：制度 C 中的缴费年限；

A：制度 A 的转移时点的基础养老金水平；

B：制度 B 的转移时点的基础养老金水平；

C：制度 C 的转移时点的基础养老金水平。[②]

"分段计算"通过科学的独立精算制度计算出各地支付养老金的权重和

---

① "工作地缴费、分段记录与计算、养老地结算、基础养老金调剂、退休地发放"是席恒教授"两岸四地养老保险制度比较研究"的阶段性成果。此项研究已经作为专著出版，书名为《两岸四地养老保险制度比较及可携性研究》，由中国社会科学出版社于2014年3月出版。

② 席恒、翟绍果：《养老保险可携性研究：现状、问题与趋势》，《社会保障研究》2013年第1期，第75—84页。

比例，让地方政府只承担劳动者在其统筹区域内工作时段的养老金支付责任。这对于地方政府而言是相对公平的，能够有效地削弱地方政府间的利益博弈。退休地领取是指劳动者在其最后退休的地方提交领取养老金待遇的申请，由退休地社保经办机构负责受理劳动者的申请，汇总劳动者所有工作地及养老保险参保缴费信息，并根据这些信息计算出各地应当支付的养老金数额，最后将这些信息递送给所有应当承担养老待遇支付责任的地方政府经办机构。为了平衡劳动者工作地、退休地和居住地的利益，还要在全国范围建立养老保险调剂基金，用于调剂、弥补贫困地区社会保险基金的不足。

第四节　小结

通过对欧盟劳动者跨国流动的养老保险权益携带问题的考察可以观察到欧盟成员国与我国统筹区域数量相当，27 个主权国家间的养老保险制度差异比我国的制度更加复杂，但却在防范养老保险流动性损失方面取得了成功，其经验值得我们借鉴。笔者认为，从交易费用的角度看，欧盟关于养老保险制度的理念和制度安排都有效降低了劳动者流动中的成本。在利益协调的理念下，欧盟的各项规定都是以协调各国利益为基础的，虽然欧盟各成员国之间有各自的利益诉求，但欧盟的协调机制使各成员国都能遵从共同目标，这样就从源头上缓和了各国之间的利益冲突，抑制了各国增加制度壁垒的行为。欧盟的"开放式协调机制"使各国在欧盟理事会的指导下进行养老保险政策改革，使各国养老保险政策向欧盟的共同目标缓慢靠拢，并最终实现养老保险一体化的目标。此外，国民待遇原则降低了劳动者的信息成本和谈判成本，单一国原则降低了劳动者的沉没成本，居住地原则降低了劳动者的信息成本和谈判成本，养老责任的具体分配方案则降低了劳动者的沉没成本。

养老保险的一体化并不是一朝一夕就能够完成的，因为养老保险制度的改革需要整合制度，还需要协调各方利益，强化理念上的认同感，欧盟的一体化的成功也是经历了几十年的时间才取得的。我国要解决劳动力流动中的养老保险权益损失问题，应当借鉴欧盟的经验，以"利益协调"为理念，通过缓和养老保险不同主体间的利益冲突在制度间建立衔接通道，减少制度摩擦引起的交易费用，从而降低劳动者在流动中的养老保险权益损失。

第五章　制度整合：建立理想的
养老保险制度

　　我国当前养老保险制度中存在的制度间壁垒和统筹层次壁垒的根源在于各交易主体间的非合作博弈，在这种非合作博弈下，作为劳动者的弱势群体承担了较高的交易费用。鉴于此，平衡各交易主体间的利益，在不损害其他交易主体的利益的基础上，降低劳动者的交易费用，使非合作博弈转向合作博弈成为必然。

第一节　建立理想养老保险制度的路径选择

一、制度整合是解决养老保险流动性损失的必然选择

　　养老保险制度的路径依赖特征决定了在短期内养老保险制度仍然会按照现有的轨迹发展，因此这一时期只能通过在不同制度间建立衔接制度的方式来降低劳动者的交易费用。然而，由于引起交易费用的根源仍然存在，不同制度间带来的摩擦不可能从根本上消除。也就是说，在现有制度的轨迹下，养老保险制度处于一种相对的锁定状态。在养老保险利益博弈过程中，享有较多利益的交易主体对现行养老保险制度的依赖会导致他们极力维护现有制度，从而使交易环境更加恶化。通过衔接制度和分段计算的方法能够协调不同人群和地方政府利益，降低劳动者流动中的养老保险权益损失，但这是维持现有制度的权宜之计，只能作为过渡性的办法。要想从源头防范养老保险流动性损失，促进劳动力自由流动，就需要从长远角度考虑如何突破现有制度的路径依赖。所谓"不破不立"，我国养老保险制度必须进行创新，通过整合现有制度平衡多方利益，建立理想的养老保险制度体系，使人群之间、政府之间的利益诉求得到一定程度上的满足，如此才能使各方达成博弈均衡。

　　在养老保险制度的设计和实施过程中，中央政府、地方政府、劳动者

和雇主都是利益相关者，但各利益主体的地位和对制度的影响力存在巨大的差别。受到自身地位及意识形态的制约，利益受到损害的劳动者很难依靠自身力量改变现有的制度；雇主因为与地方政府存在密切的利益关系，也缺乏改变现有制度的动力；地方政府及相关利益阶层也有可能成为制度变革的阻碍因素。在所有的利益主体中，只有中央政府是能够主导养老保险制度改革的利益主体。其原因如下：首先，中央政府具有设计顶层制度的资格。所有劳动者都被纳入养老保险制度覆盖的范畴，因此养老保险制度涉及全体劳动者的切身利益。养老保险制度的变革"牵一发而动全身"，要从总揽全局的高度进行养老保险制度的整合与安排，而只有中央政府能够从这一高度实施养老保险制度的顶层设计。其次，中央政府具有推行新的养老保险制度的权威。创新是需要付出代价的，制度创新也会触及原有制度的利益相关者，因此必然会遭遇阻力，没有足够大的抗衡力量，制度创新就很可能"胎死腹中"。养老保险制度不仅关系到参保人的利益，还关系到地方政府的利益。不同的参保主体又可以划分为不同的利益阶层，各利益主体的利益取向也有所不同，因此养老保险制度整合在一定程度上关系到一个社会的稳定与否。这就需要通过中央政府的权威来实现。最后，中央政府具有整合养老保险制度的动力。中央政府实施养老保险制度整合的动力在于通过顶层设计降低养老保险制度实施中的各种成本，从而在微观上对不同主体的相关权利和义务进行重新界定，缓和相关主体的利益冲突，从宏观上取得经济、政治和社会的最大收益。

二、打破制度壁垒：建立统一的养老保险制度

为公民提供退出劳动力市场后的基本生活保障是政府的责任，享有社会发展的成果也是每个公民应有的权利，因此由中央政府为全体公民提供养老保险义不容辞。从这一层面看，由中央政府提供的基本养老保险制度必须以公平为目标。因为公平是实现可持续发展的基础，只有打破目前横亘在人群间的养老保险制度壁垒，建立没有职业和阶层差别的统一的基本养老保险制度，才能从根本上解决劳动力在不同职业间流动的问题，才能彻底消除制度分立带来的劳动者的养老保险权益损失。事实上，世界上许多国家都实施全民共享的养老金制度，除西欧福利国家外，日本也是实施"全民皆年金"制度的代表，所有年满 20 岁、未满 60 岁的公民，包括外国人，都要参加国民年金的缴费，只要缴费满 25 年，并且年满 65 周岁，就可以获得由日本政府支付的国民年金，年金将一直支付到参保人死亡为止。国民年金在待遇原则

上根据缴纳期长短进行给付。我国也应当建立这种能够保障老年基本生活，由全体国民共同、平等享有的养老保险制度。这一制度的保障水平不必高，但是必须是普享的，是由中央政府提供给每一个国民的。这样就能使劳动者在最底层的养老保险制度层面实现自由流动，既增进了养老保险制度的公平性，又从根本上解决了劳动力跨制度流动的问题。

三、打破区域壁垒：实施养老保险全国统筹

统筹层次低是劳动力流动陷入跨地区流动困境的根本原因。从委托 – 代理理论的角度看，现有的统筹层次在省级甚至更低一级。这就意味着中央和地方政府间存在着养老保险的委托代理关系，而两者都是谋求自身利益最大化的经济人。中央政府作为委托人，委托地方政府为劳动者提供基本养老保险，其利益诉求是帮助劳动者化解老年风险，维护社会稳定，促进经济发展，实现自身利益最大化。地方政府作为代理人，其利益诉求是谋求地方财政收入最大化，使养老保险基金尽可能地多收入少支出。由于中央政府和地方政府存在着各自不同的利益诉求，地方政府很可能利用其在信息不对称中的优势地位谋求自身利益。因此，提高统筹层次，实现全国统筹是解决劳动力流动困难的根本路径。套用一个经济学的名字就是要提高养老保险的统筹层次，实现养老保险的全国"一体化"。养老保险的全国统筹能够从根本上解决我国养老保险地区不均问题，实现全国一体化的养老保险待遇，使劳动者在全国范围内流动就业时，不受地域的限制，不会因为跨地区流动而受到地方性政策的制约，这样就从根本上解决了其中的交易费用问题，真正实现老有所养。

第二节　理想的养老保险制度体系

理想的养老保险制度体系设计如下：首先，建立覆盖全体国民的普惠式国民基本养老保险制度，充分体现政府的责任和社会公平；其次，应当对不同人群建立具有差异化的职业养老保险制度，也就是职业年金，根据劳动者的不同职业、对经济的贡献等确定其职业年金的水平；再次，根据不同地方的经济发展水平，建立地方附加养老保险，一方面能够体现地方政府的养老责任，另一方面能够让劳动者分享当地经济发展的成果；最后，通过政府引导个人储蓄性养老保险体现个人的养老责任，提升老年人的生活水平。

一、建立全民统一的基础年金制度

建立全国一体化的基本养老保险制度就是将统筹层次从省级提升到全国，实施基本养老保险全国统筹，实现全国养老保险一盘棋，由中央政府设置全国统一的经办机构，实现养老保险的垂直管理。养老保险要顺利实现真正意义上的全国统筹，必须解决好不同主体的博弈问题，包括中央与地方政府间利益、地方政府间利益、不同人群间利益冲突的问题。席恒教授认为，要解决这一问题，关键是要建立国民基本养老保险制度，也就是全体公民共同享有的基本养老保险制度。国民基本养老保险是一种最基本层次的养老保险，具有强制性、公益性和共享性，其参保对象是中华人民共和国的全体公民，其模式是基础养老金加个人账户，基础养老金部分费率均一。中央财政收入和个人养老保险税可以作为基础养老金的基金来源，采用现收现付的资金筹集方式，实行基础养老金经办与发放中央垂直管理，由经办机构按照统一的金额支付给劳动者。个人养老保险税可以通过社保卡的方式缴纳，养老保险数据库实行全国联网，通过数据库能够查到每个人的缴费情况，包括缴费年限、缴费地点等。

二、建立地方政府附加养老金制度

从公平角度而言，中央和地方政府都有承担养老保险责任的义务，基本养老保险能够体现中央政府的养老责任，地方附加养老保险能够体现地方政府的养老保险责任，这体现了中央和地方在养老责任分担方面的公平；劳动者为地方政府的经济发展做出了贡献，有权利分享本地经济发展的成果，地方政府为劳动者提供地方附加养老金体现了贡献与收益的公平；中央政府提供的国民基础年金体现了国民养老保险均等化的特点。但是我国不同地区的经济发展不平衡，物价水平和人均收入差别较大，经济发达地区的老年人仅依靠国民基础年金可能并不足以维持老年生活，因此需要地方附加养老金提供更多一份保障，这样才能体现出不同地区劳动者在养老保险待遇水平上的相对公平。养老保险责任由中央和地方共同负担，能够降低两级政府的财政压力，使中央政府、地方政府和公民三方都能够获得收益。

从激励性角度而言，让地方政府参与到养老金统筹中，能够激励地方政府收缴养老保险的积极性，进而使地方政府积极主动地参与到养老保险全国统筹推进中，有利于尽快实现全国统筹；从可行性角度而言，只要地方政府能够获得必要的财政支持和管理权限，地方附加养老金就切实可行。

地方附加养老金的覆盖范围应当是本行政区域内的劳动者，不论户籍是否在本地，只要在本地工作，为本地经济发展做出了贡献，都属于地方附加养老金的覆盖对象。劳动者也需要缴纳仅占收入很小比例的地方养老附加税，用以保障资金。对于东部富裕的省份而言，地方附加养老金的建立不存在太多的问题，但对于西部贫困的省份而言，建立地方附加养老金就会存在财政支出上的困难。为了减轻地方政府的负担，中央财政需要提供一部分转移支付，并且给予地方一定的税收优惠。

三、完善职业年金制度

全体公民共同享有的、均等化的基本养老保险虽然为劳动者个人提供了最基本的防范老年风险的保障，但是其本身替代率偏低，也不能体现劳动本身的差异，缺乏对劳动者的激励作用，不利于不同人群实现自身价值和利益诉求。尤其是对于机关及事业单位工作的人员而言，他们本身的养老金替代率很高，并且处于社会的决策层和执行层，或对这些层面的人有较大影响，如果单纯通过推行基本养老保险将其养老待遇大幅度降低，那么无疑会加大全国统筹的难度。因此必须考虑这些人的利益，在基本养老保险全国统筹的基础上，为不同人群建立职业年金制度作为补充养老保险制度是较好的选择。这里的职业年金可以分为两类：一类是针对机关事业单位职员设立的职业年金，另一类是针对企业职工设立的职业年金，也称企业年金。

企业年金是企业为员工提供的养老金，由雇员自愿参加，雇主与雇员共同缴费形成雇员个人账户的缴费积累，可以进行投资，且投资收益免税。雇员退休后领取的养老金的多少取决于缴费和投资收益情况。这一计划有效地提升了企业员工退休后的生活水平。

建立不同人群的职业年金制度应与我国的实际情况结合起来。为了降低人群之间的利益冲突，应当同时推进公务员、事业单位和企业职工的职业年金制度建设工作，将三者放在同样重要的位置上，不能厚此薄彼。首先，考虑到劳动者在不同职业间流动的问题，公务员、事业单位的职业年金和企业年金一样采取 DC 缴费确定型的个人积累账户，这样既使其具有良好的可携性，又能便于不同职业年金之间的衔接转换，降低了劳动力流动的交易费用。其次，筹资模式与企业年金相似，企业年金由企业和员工缴费形成，公务员和事业单位职业年金也由其雇主和员工个人缴费形成，雇主是国家的，就由国家财政拨款。我国事业单位性质较复杂，这里不做具体讨论。缴费比例要以雇员的工资水平为基准，按比例缴纳。为了降低雇主的负担，提高雇主缴费积极性，国家要给予雇主一定比例的税收优惠。再次，为了对抗资金缩水的风险，还要通过信托模式对职业年金基金进行投资，保证年金能够保值、增值。最后，在建立方式上，虽然企业年金是自愿建立的，但由于公务员和机关事业单位人员现有的退休待遇较高，在福利刚性的作用下，为了保障他们的养老保险待遇不会大幅度下降，需要建立强制性的机关事业单位职业年金。我国的企业年金的作用并不明显，绝大多数的企业职工并没有获得企业年金带来的收益，还需要政府从制度上推进。

四、引导个人建立储蓄性养老保险

个人储蓄性养老保险是一种自愿参加、自主选择保险机构的保险形式。通过给保险机构缴纳一定的保险费，参保人可以按照合同约定的年龄开始领取养老金。个人储蓄性养老保险的实质是一种合同，是一种保险产品。建立个人储蓄性养老保险的必要性有以下几点：首先，由于我国老龄化速度快，加之与区域经济发展不均衡、收入分配差异过大相重叠，导致国家的养老压力非常大，而通过个人储蓄性养老保险能够减轻国家的养老压力；其次，我国家庭养老功能弱化以及人口老龄化加重，这就导致我国养老问题异常复杂和艰难，社会存在巨大的养老风险，而通过个人储蓄性养老保险可以一定程度上化解这种风险。再次，个人储蓄性养老保险可以作为基础养老金以外有力的一种保险形式。这是因为职业年金只是为特定人群建立的，企业年金也不是覆盖所有劳动者的，并且企业年金的分配差距比较大。个人储蓄性养老保险与个人收入及保障意识直接相关，完全体现个人的养老责任意识。最后，根据本书设计的理想养老保险模式，国家提供的基础养老金替代率在40%左右，远低于退休前的收入，加之老年人退休后存在多元化的养老服务需求，可能需要的支出比退休前还要多。如果想要在退休后过上舒适的老年生活，就非常有必要在年轻时根据自己的收入状况建立个人储蓄性养老保险，为自己退休生活提供更多保障。

虽然个人储蓄性养老保险是个人购买的保险产品，完全由个人付费，体现的是个人的养老责任，其收益也完全归个人所有，但是这并不意味着政府可以不作为。要想让个人储蓄性养老保险在养老保险体系中充分发挥支柱性的作用，仍需要政府有所作为。首先，政府应当从政策层面给予鼓励和指导，包括出台具体的个人储蓄性养老保险实施方案，给予税收优惠，引导账户资金用于低风险、高回报的政府项目投资，以此诱导个人参与个人储蓄性养老保险的意愿。其次，在个人储蓄性养老保险的实施环节中要发挥监督和管理责任，让公民认识到，虽然政府不承担个人储蓄性养老保险的兜底责任，但仍然应当通过政策法规来规范商业银行、信托公司和保险公司等机构的投资活动，最大限度地保护劳动者的个人储蓄性养老保险权益。

第三节　新制度下劳动者流动的交易费用分析

一、基础年金制度下劳动者流动的交易费用

在全国统一的国民基础年金制度下，每个劳动者在退出劳动力市场后都能够取得数量相同的基本养老金，以维持最基本的生活水平。对于每个公民而言，养老保险待遇水平相同充分体现了基本养老保险的公平性。纵向一体化的基础养老保险制度可使养老保险统筹层次由省级提升至全国，提高制度的公平性和经办效率，降低委托代理成本和劳动者的交易费用，平衡各方利益主体的博弈。对于劳动者而言，个人账户本身具有完全可携性，基础养老金发放额是全体劳动者平等享有的，劳动者无论流动到哪里，都不会影响其基本养老保险权益的获得；劳动者流动时不需要像现在这样办理各种手续，也不存在由此带来的权益损失。当劳动者再次缴费的时候，社保中心的数据库就会显示该劳动者的信息，并且记录发生的变更情况，对于劳动者而言，交易费用为零。

二、职业年金制度下劳动者流动的交易费用

职业年金制度体现了不同劳动者由职业差别带来的养老保险差别，体现了公平和效率的原则，也能够满足不同劳动者对老年生活水平的不同要求。职业年金账户虽然采取缴费确定型的个人积累账户模式，个人缴费部分属于劳动者个人所有，具有良好的可携性，可以完全随劳动者自由流动，但雇主缴费部分及其收益以企业子账户的形式存在，其权益的获得是以个人达到退休年龄为前提条件的。劳动者在退休前要流动就业，就牵涉到雇主缴费及其投资收益部分的转移接续问题。雇主缴费及其投资收益部分类似于城镇企业职工养老保险中的企业缴费部分，而雇主子账户类似统筹基金部分，因此职业年金单位缴费部分及其投资收益的转移接续原则上可以参照城镇企业职工养老保险关系转移接续办法：以10年为最低工作年限，劳动者参加原雇主的职业年金计划满10年，可以享受原雇主缴费及其收益部分的100%的

权益。也就是说，对于在原雇主处工作满 10 年的劳动者，离开原雇主到新雇主处就业时，可以将原雇主缴费及投资收益部分全部带走，归入新雇主的职业年金雇主子账户。对于在原雇主职业年金计划缴费不满 10 年的劳动者而言，流动时，雇主子账户的基金可以按照原雇主缴费及其投资收益部分的 60% 转移到新雇主的职业年金雇主子账户，而将剩余的 40% 留在原雇主的职业年金雇主子账户中。这样既保护了原雇主的利益，又使劳动者能够带走多一半的雇主缴费，有效平衡了原雇主和新雇主之间的利益。在劳动者退休时，也按照"分段计算"的办法，既维护了劳动者的养老保险权益，又使各缴费主体承担了有限的责任，体现了公平和效率，实现了劳动者养老保险权益损失最小化。

三、地方附加养老金制度下劳动者流动的交易费用

地方附加养老金主要由地方政府财政支出，采用现收现付制强制实施。由于这是一项地方性的福利，是固化在地方的，所以不存在流动问题，不考虑其交易费用。劳动者取得地方附加养老金也由当地政府自行规定年限和缴费积累额，劳动者只有在本地的缴费满足领取条件时，才能享有该地政府提供的地方附加养老金。如果劳动者在退休前离开该地，流动到其他地区工作，没有达到领取当地养老金的条件，那么就视为自动放弃了该地的地方附加养老金。对于劳动者而言，跨地区流动会损失一部分地方附加养老金，但地方附加养老金税的纳税额较低，相对应的这部分养老金的权益也较小，当期不会给劳动者带来太多损失，远期也不会对劳动者退休后的基本生活水平造成太大影响，它只是一种由地方政府提供的额外的福利。

第四节 小结

养老保险流动性损失问题的彻底解决必须要打破两个壁垒：一个是不同人群间的制度壁垒；一个是由各地方政府设置的区域统筹层次壁垒，而这两个壁垒的彻底打破又有利于建立一个理想的养老保险制度体系。只有通过顶层设计实现基本养老保险制度的全国统筹，不同职业的劳动者之间、不同区域的地方政府之间的利益才能够得到平衡，劳动者流动中各种阻碍的根源才能得到消除。

理想的养老保险制度体系包括一揽子制度，首先是统一的国民基础年金

制度，其次是由雇主提供的职业年金制度，再次是体现地方政府福利的地方附加养老金制度，最后还有个人养老保险储蓄制度。通过这些制度，劳动者被覆盖在多层次的养老保障安全网下，无论如何流动，也不会损害其在退休后的生活水平，这一制度体系最大限度地维护了劳动者的养老保险权益，使劳动者流动的交易费用趋于最小化。

第三编　劳动力流动的职业年金权益损失问题研究

第六章 职业年金的内涵、特征及作用

第一节 职业年金的内涵

职业年金是指用人单位在参加社会基本养老保险的基础之上，在国家政策指导和监督下，依据本单位实际情况而建立的，旨在进一步提高员工退休后生活水平的一种补充性养老保险制度。它既不同于社会保险，又不同于商业保险，而是由用人单位所提供的一种带有福利性质的保障制度。从养老保险体系的角度看，职业年金是在建立基本养老保险的前提下，对员工养老的一种补充和辅助，在多支柱的社会养老保险体系中起着不可或缺的作用。职业年金与基本养老保险虽然都是为了保障老年人退出劳动力市场后的生活，但两者的保障层次并不一样：基本养老保险保障的是劳动者退出劳动力市场后最基本的生活水平，而职业年金是在基本养老保险的基础上增加老年人的退休收入，提升老年人的生活水平。

根据职业年金的内涵，我国的企业年金和为事业单位职工建立的职业年金都属于职业年金的范畴，其实质都是用人单位为员工提供的辅助性养老保险。本书中提到的职业年金是大职业年金的概念，即包括企业年金和机关事业单位职业年金。

第二节 职业年金的特征

各国职业年金的叫法不同，覆盖率也有差别，但其作为基本养老保险的补充，具有以下共同特征：

第一，职业年金由雇主和雇员共同缴费，但雇主的缴费比例通常等于或高于雇员的缴费比例。我国规定单位缴纳职业年金费用的比例为本单位工资总额的 8%，个人缴费工资的 4%，由单位代扣。

第二，职业年金存在企业自愿建立和国家强制企业建立两种类型。大部分国家的职业年金都不做强制性要求，但鼓励企业自发自觉建立职业年金。例如，美国、日本的职业年金属于自愿型，而以澳大利亚、法国为代表的企业年金属于强制型职业年金。

第三，经办方式灵活多样，可以分为由大企业自行建立、由多家小企业联合建立、由某一行业管理机构建立、由某一区域或全国性的协会建立、由金融机构（如各类银行基金管理公司、证券公司、寿险公司）建立等。

第四，职业年金实行市场化的投资运营。职业年金是一种俱乐部属性的公共产品，具有排他性和非竞争性的特点。职业年金待遇的获取是以缴费为前提的，但不存在竞争性，只要愿意缴费，都可以加入，这就使职业年金可以进行市场化的投资运营。职业年金的投资运营就是通过职业年金基金化的要求进行的金融资产化活动，即在保证资金安全性、流动性的基础上，实现资金的保值增值。职业年金的投资运营能保障职业年金目标替代率，却不增加雇主和雇员的缴费负担。职业年金投资运营符合贯彻劳动者养老保险待遇分享经济成果的原则，可以抵消通货膨胀等经济因素波动对职业年金产生的贬值影响，还可以减轻国家、雇主和个人的养老保险费的负担，因此许多国家的职业年金都进行了市场化的投资运营。

第五，国家对建立职业年金的企业普遍给予一定的税收优惠政策。税收激励政策是政府对雇主尤其是企业最为重要的支持和鼓励手段。为了调动雇主的职业年金缴费积极性，各国通常会在职业年金筹资缴费、基金投资运营和年金收入三个环节采取不同的税收优惠政策支持。世界上大多数国家实行的都是EET的税收优惠模式，也就是对雇主和雇员筹资缴费及年金的投资收益环节免税，在雇员领取职业年金待遇时征税的模式。EET的税收优惠模式体现了税收优惠最大化的原则，在这种税收优惠模式下，雇员实现了纳税的递延，在税收环节体现了"谁缴纳，谁受益"的原则。从整个社会保障制度看，通过税收优惠鼓励发展职业年金是分散财政风险的手段，有助于提高效率。对于职业年金本身而言，税收优惠政策有助于提高规模收益。事实上，要建立更为普遍的可持续发展的职业年金模式，就必须充分调动雇主和雇员对职业年金的热情。

第三节 职业年金的作用

作为西方世界多支柱的养老保险体系中的第二支柱，职业年金对劳动者个人、政府及企业都具有十分重要的作用与意义。

第一，对于雇员而言，职业年金是基本养老保险重要的补充形式。职业年金是由雇主和雇员在基本养老保险保费缴纳的基础上，通过额外缴费建立起来的补充养老保险制度。因此就其本质而言，职业年金是对雇员当期工资的延期支付，也就是将当期的一部分收入转移到未来，当其退出劳动领域后再消费，以提高其退休后的生活水平。因此，当基本养老保险提供的退休待遇无法满足退休者的养老需求时，职业年金作为一种补充，就会在此时发挥作用。

第二，对于政府而言，职业年金能够减轻养老金支出的财政负担。随着医疗卫生水平的提高及人类对健康的日益重视，人类的平均寿命不断提高，人口老龄化成为全球大部分国家面临的严峻挑战，尤其是对于西方福利国家而言，低生育率使很多国家老年人口的比例不断上升，领取养老金的人数也不断增加。基本养老保险的支付已使越来越多的国家背负巨大的财政压力，传统上通过延长退休年龄和增加企业缴费率的措施难以从根本上解决这一问题，甚至会导致民众不满，而发展由雇主和雇员缴费形成的职业年金制度可以在一定程度上分担政府的支付压力。

第三，对于企业而言，职业年金制度可以合理避税及形成员工激励机制。就合理避税而言，由于各国都通过税收优惠鼓励企业建立职业年金制度，企业在纳税方面实现了税收递延，所以具有合理避税的优点；就员工激励机制而言，职业年金计划本身就是企业为员工提供的一项福利计划，通过职业年金的设计可以对员工形成薪酬激励，提高员工工作积极性和工作效率，并且能够留住优秀人才，强化人才管理。

第七章　我国职业年金发展情况

第一节　企业年金的建立及发展现状

　　我国的企业年金建立时间要早于机关事业单位职业年金。早在 1991 年 6 月 26 日《国务院关于企业职工养老保险制度改革的决定》就提出了企业要根据自身经济实力为本企业职工建立补充养老保险，所需要的费用从企业自有资金中提取。这是我国第一次提出建立企业年金。1994 年全国人民代表大会颁布了《中华人民共和国劳动法》，其中明确提出国家鼓励用人单位为劳动者建立补充养老保险，为我国建立补充养老保险制度提供了法律依据。1995 年，劳动保障部下发了《关于印发〈关于建立企业补充养老保险制度的意见〉的通知》，其中明确提出规模较大的企业可以在国家政策指导下单独实行企业补充养老保险制度；中小企业可以联合建立基金管理理事会，实行补充养老保险制度；有条件的行业也可以实行全行业统一的补充养老保险制度。该通知还进一步明确了企业建立补充养老保险制度的基本条件，包括参加基本养老保险费用社会统筹，并按时足额地缴纳养老保险费；生产经营状况比较稳定；民主管理基础较好。这一阶段是我国企业年金的萌芽阶段。

　　从 2000 年开始，我国企业年金进入了建立阶段。2000 年，《国务院关于印发完善城镇社会保障体系试点方案的通知》要求有条件的企业可为职工建立企业年金，并实行市场化运营和管理。企业年金实行基金完全积累，采用个人账户方式进行管理，费用由企业和职工个人共同缴纳，其中企业缴费为职工工资总额 4% 以内的部分，可从成本中列支。在这一阶段，"企业年金"正式出现，替代原有的企业补充养老保险，企业年金的框架初步形成。

　　2003 年，人力资源和社会保障部先后发布了《企业年金试行办法》和《企业年金基金管理试行办法》对企业年金的制度框架和企业年金基金管理做了详细规定。《企业年金试行办法》明确提出"企业年金，是指企业及其职工在依法参加基本养老保险的基础上，自愿建立的补充养老保险制度。建立企业年金，应当按照本办法的规定执行"。

2011 年 1 月 11 日，人力资源和社会保障部第 58 次部务会审议通过了新修订的《企业年金基金管理办法》，完善了企业年金基金的受托人、账户管理人及托管人的资格条件及职能。2013 年 7 月 23 日，人力资源和社会保障部、民政部联合发布的《关于鼓励社会团体、基金会和民办非企业单位建立企业年金有关问题的通知》提出"已经依法参加企业职工基本养老保险并履行缴费义务的社会组织，可以建立企业年金。其中工作人员较少的社会组织可以参加企业年金集合计划"。这项政策的出台有利于扩大我国企业年金的覆盖面，使我国企业年金制度走上规范化发展道路。2016 年 6 月，人力资源和社会保障部对 2004 年制定的《企业年金试行办法》进行了修订，起草了《企业年金规定（征求意见稿）》，向社会公开征求意见。内容主要包括：企业年金所需费用由企业和职工个人共同缴纳；企业年金基金实行完全积累，为每个参加企业年金的职工建立个人账户，按照国家有关规定投资运营；企业缴费每年不超过本企业上年度职工工资总额的 8%；企业和职工个人缴费合计不超过本企业上年度职工工资总额的 12%；具体所需费用由企业和职工协商确定。另外，还包括了企业在资金不足或破产清算后的企业年金接管问题。

虽然企业年金在我国的大政方针早已确定，至今也已经经历了近 30 年的发展，但企业年金一直是由企业自愿建立。作为一项由企业自行决定的福利性制度，其发展情况存在着地域性、行业性及企业性质方面的不均衡：在东部发达地区，企业的盈利情况较好，大部分企业都能够建立企业年金，而在西部欠发达地区，大部分企业并未建立企业年金；就行业而言，银行、电力、电信、石油、铁道等行业普遍为员工建立了企业年金，且缴费比例明显高于其他行业；就企业性质而言，国有企业基本上都为员工建立了企业年金，而民办企业除了一些大的上市公司外，基本上没有为员工建立企业年金。国有企业及国家控股企业的企业年金计划与民营中小企业相比，建立时间较早，发展也更快。根据统计，在全国建立企业年金计划的企业中，国有企业占比达到 93%；在参加企业年金计划的地方企业中国有企业占比达到 55%，这说明国有企业的企业年金发展优于民营中小企业等其他所有制企业。①

从表 7-1 中可以看出，从 2016 年到 2020 年，企业年金参保职工人数

---

① 李金玲：《DB-DC 混合型企业年金计划模式及其财务问题研究》，经济科学出版社 2014 年版，第 41 页。

在逐年增加，但增幅较小。截至 2020 年底，参加职工约 2 718 万人，仅占参加城镇职工基本养老保险人数的 5.96%，占全部就业人口总量的 3.6%，企业年金覆盖人数整体较低。首先，企业作为建立年金的主体，其是否会自愿为员工建立企业年金取决于内部和外部两个方面。就内部而言，建立企业年金的动力来自对员工的激励及留住人才；就外部而言，建立企业年金的动力来自国家的要求。从目前的情况看，我国劳动力市场还处于买方市场，建立企业年金会增加企业的成本，且对于员工而言，也意味着当期收入的降低，因此大部分企业没有建立企业年金的内部动力，员工也不愿意降低当期的收入。其次，由于我国现有基本养老保险的替代率较高，导致企业的缴费负担过重，企业不愿意再额外为员工建立企业年金。目前，我国企业职工基本养老保险的费率为企业 20%、个人 8%，共计 28%，再加上住房、医疗和商业保险等费用，总额占职工工资的 40% 左右，这对于企业而言是很大的一笔支出，因此一般企业根本无力再为员工建立企业年金。

表 7-1　2016—2020 年基本养老保险与企业年金对比一览表

年　份	城镇企业职工基本养老保险参保职工人数 / 万人	企业年金参保职工人数 / 万人	城镇基本养老保险金基金总收入 / 亿元	企业年金基金累积规模 / 亿元
2016	27 826	2 325	37 991	11 000
2017	29 268	2 331	46 614	12 879
2018	30 104	2 388.17	51 168	14 770
2019	31 177	2 548	52 919	18 000
2020	32 859	2 718	44 376	22 000

第二节　机关事业单位职业年金的建立及发展现状

相对于企业年金，我国为事业单位职员建立职业年金的时间较晚。最早提出为我国事业单位建立职业年金制度的是 2008 年 3 月 14 日《国务院关于印发事业单位工作人员养老保险制度改革试点方案的通知》（国发〔2008〕10 号）。当时，国务院决定在山西省、上海市、浙江省、广东省、重庆市先期开展试点，与事业单位分类改革试点配套推进事业单位养老保险制度，未试点地区的事业单位继续实行退休制度。其中试点地区要建立职业年金制度，为建立多层次的养老保险体系，提高事业单位工作人员退休后的生活水平，增强事业单位的人才竞争能力，在参加基本养老保险的基础上建立工作人员职业年金制度，但其并未给出具体的实施办法。2011 年 7 月 24 日，《国务院办公厅关于印发分类推进事业单位改革配套文件的通知》（国办发〔2011〕37 号）发布，其中《事业单位职业年金试行办法》是 9 个分类推进事业单位改革配套文件之一，适用于上述 5 个试点省（市），这是我国第一次对职业年金制度进行规范，也是针对事业单位建立补充养老保险制度的第一次尝试。该办法第三条确定了职业年金适用于分类推进事业单位改革后从事公益服务的事业单位及其编制内工作人员。建立职业年金的事业单位应符合下列条件：依法参加事业单位基本养老保险并履行缴费义务；具有相应的经济负担能力；已建立民主协商机制。建立职业年金应当由单位与工会或职工代表通过民主协商确定，并制订职业年金方案。职业年金方案应当提交职工代表大会或职工大会讨论通过。享受经常性财政补助的事业单位职业年金方案在提交职代表大会或职工大会讨论前，须报经同级财政部门审核同意。职业年金方案应当主要包括以下内容：参加人员范围、资金筹集与分配方式、职业年金个人账户管理方式、权益归属方式、基金管理方式、计发办法和支付方式、支付职业年金待遇的条件、中止和恢复缴费的条件与程序、修改和终止职业年金方案的条件与程序、组织管理和监督方式、双方约定的其他事项。

　　基本养老保险制度改革为我国机关事业单位建立职业年金带来了契机。2015 年建立全国范围的机关事业单位职业年金制度正是在我国基本养老保险并轨的背景下提出的。2014 年 10 月 1 日，我国正式启动了机关事业单位工作人员养老保险制度的改革，决定在机关事业单位实施与企业职工养老保险相同的制度，也就是所谓的"并轨"，但是由于机关事业单位退休人员养老金的替代率在此前为 70% ~ 90%，而企业职工基本养老保险的替代率不到 60%。若大幅度降低机关事业单位退休人员的待遇，则会遭到机关事业单位职工的反对，因此须推行强制性职业年金，以弥补改革后基本养老保险待遇的不足。另外，机关事业单位的工资水平大部分略低于企业的工资待遇，机关事业单位职工在退休前的个人储蓄总体就会少于企业职工的待遇，而职业年金可以作为其退休后基本养老金的一种补充。根据国务院办公厅 2015 年 3 月 27 日颁布的《机关事业单位职业年金办法》中对于"职业年金"的界定，职业年金是指"机关事业单位及其工作人员在参加机关事业单位基本养老保险的基础上，建立的补充养老保险制度"，旨在提高机关事业单位退休职工的生活质量，进一步完善我国统一养老保险制度。规定单位缴纳职业年金费用的比例为本单位工资总额的8%，个人缴费比例为本人缴费工资的4%，由单位代扣。单位和个人缴费基数与机关事业单位工作人员基本养老保险缴费基数一致。职业年金基金采用个人账户方式管理。个人缴费实行实账积累。对财政全额供款的单位，单位缴费根据单位提供的信息采取记账方式，每年按照国家统一公布的记账利率计算利息，工作人员退休前，本人职业年金账户的累计储存额由同级财政拨付资金记实；对非财政全额供款的单位，单位缴费实行实账积累。实账积累形成的职业年金基金，实行市场化投资运营，按实际收益计息。单位缴费按照个人缴费基数的8%计入本人职业年金个人账户；个人缴费直接计入本人职业年金个人账户。

我国机关事业单位职业年金的特点主要表现在以下几个方面：首先，从实施的方式看，职业年金具有强制性，有助于提高制度的覆盖率。如果采取类似企业年金的自愿性计划，受经济实力的影响，覆盖率会存在较大的地区差异，特别是在财政收入较少的省市，单位可能不愿意为职工建立额外的福利计划，而强制性模式的实施可以对机关事业单位和其职工实现全覆盖，从而体现制度的普惠性。职业年金由国家立法强制实行，单位和个人必须依法参加，以克服和弥补补充养老保险制度覆盖范围小、统筹层次低的问题。其次，从对职工的影响看，职业年金具有激励性。职业年金实质上是对职工的一种福利制度，以职工工作时间长短、贡献大小等作为衡量年金给付的标准，是机关事业单位发展人才战略的重要组成部分及优化人才资源配置的重要手段。最后，从领取的时间看，职业年金具有延期性。职业年金实质上是机关事业单位对职工的长期承诺，是职工劳动报酬的另一种返还方式，是机关事业单位对职工劳动报酬的延期支付。

第八章 养老金并轨后我国劳动力流动的职业年金关系转移问题

第一节 劳动力流动带来职业年金关系的转移问题

随着我国基本养老保险的改革、机关事业单位职业年金的建立及酝酿中的企业年金的进一步修订，我国以基本养老保险为第一支柱，职业年金为第二支柱，个人储蓄为第三支柱的养老保障体系不断完善，越来越多的企业建立了企业年金，从而使越来越多的劳动者被纳入职业年金制度中。与此同时，新的问题出现了。劳动力的流动不仅会带来基本养老保险关系转移接续问题，还会涉及职业年金关系的转移接续问题。我国80后、90后的新生代劳动者不再像老一辈那样在一个单位工作一辈子，市场经济下劳动者与用人单位的关系也变得更加松散，劳动力流动更加频繁，而90后的劳动者更不愿意被长久束缚在一个岗位上。加上我国机关事业单位用人方式的改革使原有的事业单位编制及用人指标慢慢被合同制所替代，由此劳动者在机关事业单位的进出机制变得更加灵活，在机关事业单位与企业之间的流动也更为频繁。在劳动力流动时，基本养老保险关系需要转移，职业年金也需要转移，因为职业年金是对劳动者付出劳动的一种回报，既包含了劳动者的缴费部分，也包含了企业为肯定劳动者的劳动而缴费的部分，都属于劳动者的权益。

第二节 职业年金关系转移的障碍

在我国，不管是企业建立的企业年金还是机关事业单位建立的职业年金，实行的都是缴费确定型的个人账户积累制。个人账户由雇主缴费子账户和雇员个人缴费子账户组成，雇主缴费的部分进入雇主缴费子账户，雇员个人缴费进入雇员个人缴费子账户。在这种模式下，雇主的缴费及其投资收益进入个人账户的企业子账户，而个人缴费及其投资收益部分计入个人子账户。按照规定，个人账户积累的职业年金所有权归个人，在退休或出国时可一次性提取，个人死亡时可由他人继承。当劳动者在退休前要离开原单位流动到新单位就业时，职业年金也需要随同转移。这是因为个人子账户中的个人缴费及其投资收益部分的所有权是完全属于劳动者个人的，当劳动者流动就业时，其应当随劳动者本人全部转移到新单位的职业年金个人子账户中。

职业年金的转移与城镇企业职工基本养老保险转移问题类似，但由于我国机关事业单位的类型多样，职业年金的转移所面临的问题更为复杂。

第一，职业年金的按人群划分问题。职业年金的按人群划分是指我国职业年金被划分为公务员职业年金、事业单位职业年金、国有企业职业年金和民营企业职业年金。公务员职业年金又分为国家公务员职业年金和地方公务员职业年金。事业单位还被分为全额拨款事业单位、差额拨款事业单位和自收自支的事业单位。事业单位与公务员之间、不同类型的事业单位与企业之间都存在职业年金转移问题。

第二，职业年金单位缴费部分的"虚实"不统一问题。我国自 2015 年开始实行的机关事业单位职业年金基金由个人缴费、单位缴费和职业年金基金投资收益及国家规定的其他收入四部分构成，并采用个人账户方式管理。其中，个人缴费实行实账积累。对于财政全额供款的单位，单位缴费根据单位提供的信息采取记账方式，每年按照国家统一公布的记账利率计算利息，工作人员退休前，本人职业年金账户的累计储存额由同级财政拨付资金记实。对于非财政全额供款的单位，单位缴费实行实账积累。实账积累形成的职业年金基金实行市场化投资运营，按实际收益计息。国家公布的记账利率与投资收益率势必存在差异，这意味着不同人群在退休以后会享受不到相同的待遇。若记账利率高，则会引起非财政全额供款单位人员的反弹，不利于该类单位人员的流动；若投资收益率高，对于财政全额供款单位人员而言，则有些不公。

第三，职业年金面临"编制"问题。我国国家级地方机关事业单位的工作人员存在编制内和编制外之分：编制内人员的工资待遇由国家及地方政府财政支付；编制外人员的工资待遇则由用人单位自筹经费支付。在单位中，编内人员与编外人员当期收入是公平的，但建立职业年金后，面临单位是否为编制外员工建立职业年金问题，如果建立职业年金，缴费基数能否一致、财政如何保障等都是必须考虑的。

第四，职业年金的属地管理问题。职业年金实行属地管理，在省级层面实行统一，这就造成不同省份之间的职业年金存在差异。无论是职业年金单位缴费还是个人缴费，很大程度上取决于地方财政的支付能力。它与省地财政关系、公务人员薪酬制度改革、地方收支结构调整等紧密相关，并产生协同影响。这样，劳动者跨省流动就面临着职业年金跨省转移的问题。此外，各地的职业年金资金将汇集到省级经办机构集中管理，出于分散风险的考虑，省级经办机构可能会建立多个职业年金计划，采取不同投资方式。这就会有不同的投资收益。劳动者职业年金转移也面临从一个职业年金计划转移到另一个职业年金计划的问题。

2017年1月，人力资源和社会保障部办公厅印发的《机关事业单位基本养老保险关系和职业年金转移接续经办规程（暂行）》的通知对职业年金转移问题做出了规定："参保人员在同一统筹范围内机关事业单位之间流动的，只转移基本养老保险关系，不转移基本养老保险基金。省（自治区、直辖市）内机关事业单位基本养老保险关系转移接续经办规程由各省（自治区、直辖市）制定。""参保人员在相应的同级财政全额供款的单位之间流动的，职业年金个人账户中记账金额无需记实，继续由转入单位采取记账方式管理。除此之外，职业年金个人账户中记账部分需在转移接续前记实。参保人员需要记实本人职业年金记账部分时，转出地社会保险经办机构应根据参保单位申请资料，向其出具《记实／补记通知》，记实资金到账并核对一致后，记入参保人员的职业年金个人账户。"这一规定带来的问题有二：一是易造成地方政府及有关单位的财政负担，地方政策可能由此对劳动者的流动设立壁垒；二是对没有涉及职业年金基金的投资收益部分的转移问题。

第九章　解决职业年金关系
转移问题的方案

第一节　职业年金关系转移的权益计算方法

职业年金关系的转移接续可以参照城镇企业职工基本养老保险的转移接续办法：当劳动者离开原雇主到新雇主处就业时，可以将雇主缴费及投资收益部分全部带走，归入在新雇主的职业年金雇主子账户。对于在原雇主职业年金计划缴费不满 10 年的劳动者而言，在流动时，雇主子账户的基金可以按照原雇主缴费及其投资收益部分的 60% 转移到新雇主的职业年金雇主子账户，而将剩余的 40% 留在原雇主的职业年金雇主子账户中，这样既保护了原雇主的利益，又使劳动者能够带走多一半的雇主缴费，有效平衡了原雇主和新雇主之间的利益。在劳动者退休时，按照"雇主缴费、分段计算、退休地领取"的办法，既维护了劳动者的养老保险权益，又使各缴费主体承担有限的责任，体现了公平和效率。雇主缴费就是劳动者为谁工作，就由谁缴费。当劳动者离开，到其他地方工作，系统都需要将其缴费的权益记录并保存下来。无论劳动者在一生中更换多少岗位，其缴费记录都记载了其缴费的情况，这样到劳动者达到养老保险待遇领取条件时，他的权益记录就得到了连续记载，并可以由此计算出各雇主对其承担的养老责任。

如何进行分段记录与计算非常关键，因为计算方法直接决定了劳动者是否能够从其雇主处获得公平的养老金替代率。对于劳动者而言，可以通过以下公式计算出积累的基础养老金水平：

$$F = \frac{a}{15} \times A + \frac{b}{15} \times B + \frac{c}{15} \times C$$

a：制度一中的缴费年限；

b：制度二中的缴费年限；

c：制度三中的缴费年限；

A：制度一的转移时点的职业年金水平；

B：制度二的转移时点的职业年金水平；

C：制度三的转移时点的职业年金水平。

"分段计算"主要通过科学的独立精算制度计算出各雇主要承担的职业年金责任。这对于雇主而言是相对公平的，而劳动者的职业年金权益损失也是最小的。

第二节　配套的人事代理制度

职业年金由雇主和雇员共同缴费的个人完全积累模式体现了雇主对雇员的养老责任，也是一项非常重要的福利。但有三类雇员无法直接享受由雇主提供的职业年金计划，具体情况如下：第一类是机关事业单位的编外人员。在我国的政府机构、事业单位中，雇员被划分为有编制与无编制两种。每个机关事业单位都按照编办规定的编制数招聘带编制的雇员，有编制的雇员通常是在同级的政府人事部门备案的，其工资及福利都由财政拨款，是体制内的雇员。除编制内雇员外，由机关事业单位自己聘任的，不占编制，其工资及福利由机关事业单位自己支付的雇员就称为无编制雇员，属于体制外的雇员。随着公共服务需求的不断扩大，我国机关事业单位无编制的机关事业工作人员的数量不断上升，尤其是高校。目前许多高校招聘的博士以下学历的人员都没有正式编制，这类人员往往有较高的学历或专业技能，但由于体制问题，无法与有编制的雇员同工同酬。编制内员工的职业年金虽然是由雇主缴费，但其最终还是由财政支付的，而编制外员工显然无法享受这一福利，导致权益受损。第二类是国有企业的临时工。许多国有企业为了降低用人成本招聘了大量临时工，这些企业与临时工签订简单的劳动合同，但并不负责临时工社会保险的缴纳。部分临时工甚至没有社会保险，自然也无法享受到国有企业的职业年金计划。第三类是小微企业的员工。我国小微企业正在发展壮大。2022 年 8 月，工业和信息化部中小企业局局长梁志峰在"新时代工业和信息化发展"系列发布会上表示："截至 2021 年末，全国中微小企业数量达 4800 万户，比 2012 年末增长 2.7 倍。"小微企业通常拥有许多管理和技术创新人才，但由于产品和服务相对单一、规模较小、雇员人数较少、人事管理制度不完善等原因，单独建立职业年金计划不现实。作为养老保障的第二支柱，职业年金对个人退休后的生活水平起着至关重要的作用。

如果这三类雇员职业年金权益就此丧失，是违背公平原则的，因此必须为这三类人员建立准职业年金制度。一般而言，这一问题可以通过人事代理制度解决。

人事代理制度是指人才服务机构受单位和个人委托，按照相关法律和政策的规定，为其代办有关人事业务等综合服务的一种制度。人事代理服务的内容很多，包括政策咨询、人才招聘、应届毕业生人事代理、代办职称申报评审、人事档案管理、办理劳动者流动就业时的人事关系转接手续、协调人员流动争议、开展岗位培训和代办社会保险等。目前，我国许多机关事业单位尤其是高校，都与编制外的工作人员建立了人事代理关系，由人才服务机构提供人事档案的管理及办理社会保险业务。因此，对于雇主不能为其提供职业年金的编外雇员而言，通过人事代理制度为其建立准职业年金计划以保障其养老保障权益是较为有效且便捷的途径。人才服务机构为人事代理人员建立准职业年金个人积累账户，个人缴费部分依然由人事代理人员根据自己工资的一定比例自行缴纳，进入个人子账户；单位缴费部分由用人单位按人事代理人员的工资的一定比例交给人才服务机构，由人才服务中心代替雇主将这笔钱转入准职业年金个人账户的公共子账户中。公共子账户相当于雇主建立的雇主子账户，公共子账户的基金由人才服务机构代理的所有人事代理人员的雇主缴费部分组成，人才服务机构承担雇主对职业年金的管理责任，人才服务机构与人事代理人员一起作为委托人，按照国家政策选择有资格的受托人，与其签订委托代理合同，确定委托关系。人才服务机构承担员工在退休后的审核其待遇领取条件并支付职业年金待遇的责任。

职业年金的本质是雇员薪酬的延期支付，是由雇主作为主要责任人的补充养老保险，是吸收社会震荡的安全网，尤其是对于我国现在所处的养老金并轨背景而言，职业年金的作用就更为重要。从世界各国的经验看，基本社会保险、企业年金和商业保险是组成一个国家养老保障体系的三大支柱。三大支柱的养老保障模式的出现既是社会保障发展过程中公平与效率平衡的结果，也体现了一种新的保障导向。这种导向倡导国家责任、雇主责任和个人责任的协调，要求充分调动政府、雇主和个人三方的积极性。随着我国基础养老金的并轨，职业年金的推行势在必行。作为三大支柱养老保障模式中的第二支柱，要想实现可持续发展，一方面有赖于第一支柱基础养老金制度的改革，另一方面要从职业年金制度建设本身着手。随着人口老龄化程度的加深和人口增长率的下降，现行的基础养老金制度会使统筹基金部分入不敷出，政府财政负担日益加重，这就需要在未来降低基础养老金的替代率，使养老金替代率维持在一个较低的水平。降低的这部分养老金替代率由职业年金填补，并使两者合计的替代率处于一个较高的水平，以满足个人对退休后生活水平的追求。由此可见，职业年金对于提高退休劳动者的整体福利而言，具有举足轻重的作用。要想充分发挥职业年金的保障功能，就要对职业年金实行强制性的完全积累制度，将所有存在雇佣关系的人群都纳入职业年金的范畴，包括企业、机关事业单位等，以扩大职业年金的覆盖面，增加其基金积累规模，同时进一步完善税收等相关配套制度。为了更好地实现职业年金基金的保值增值，应当在更为宽泛的领域内投资，提高职业年金的投资收益率，同时给予必要的监管。

让职业年金充分发挥第二支柱的作用，和基础年金一起成为劳动者个人最坚实有力的养老保障安全网，才能够进一步做好其他养老保险支柱的建设，从而健全养老保险制度体系，促进整个国家的养老保险体系向更加健全和可持续的方向发展。

第四编　流动性视角下的养老服务相关
　　　　问题研究

第十章　我国养老服务政策变迁与模式演变

从新中国成立至今，短短 70 余年的时间，我国的人口结构发生了巨大的变化，养老服务政策随之变迁，养老服务模式也发生了相应的变化。

第一节　新中国成立至改革开放前（1949—1977）

一、养老服务政策——政府救济、家庭供养

新中国成立之初并没有针对养老服务出台专门的政策，对于老年人的养老及相关权益保障，体现在 1954 年第一部《中华人民共和国宪法》的条款中，第五十三条规定中华人民共和国劳动者在年老、疾病或者丧失劳动能力的时候，有获得物质帮助的权利。1956 年第一届全国人大第三次会议通过的《高级农业生产合作社示范章程》中规定：农业生产合作社对于缺乏劳动力或者完全丧失劳动力、生活没有依靠的老、弱、孤、寡、残疾的社员，在生产上和生活上给以适当的安排和照顾，保证他们的吃、穿和柴火的供应，保证年幼的受到教育和年老的死后安葬，使他们生养死葬都有依靠。1958 年《关于人民公社若干问题的决议》中提出：要办好敬老院，为那些无子女依靠的老年人（"五保户"）提供一个较好的生活场所。这一时期养老服务政策覆盖的人群主要是无劳动能力、无生活来源、无子女的老年人。对于这些"三无"老人，政府提供的养老服务模式是敬老院养老。除"三无"老人外，其他老年人的养老主要在家庭内部完成，依靠家庭成员提供照料，并通过法律明确子女的责任。

二、养老服务模式——单一的家庭养老模式

我国是一个拥有几千年历史的传统农业社会国家，家庭是组织生产、拥

有生产资料和积累财富的社会基本经济单元。老年人受到家庭成员的尊重、关心和照顾，长辈与老年人在家中安度晚年（家庭养老）是非常正常和自然的事情。因此，传统家庭养老模式是我国农业社会传承几千年的基本养老模式。新中国成立后，我国人口以农村人口为主，占 70% 以上，人均寿命为男性 39 岁，女性 42 岁。人均寿命短，加之没有实行计划生育政策，家庭普遍多子，呈现出年轻化的人口结构。在这种情况下，老年服务并没有成为亟待解决的问题，子女完全可以承担照料老年人的责任。加之政府也明确了子女照顾老年人的责任，因此这一时期我国城乡社会仍然沿袭单一的以家庭养老为主的养老模式。

第二节　改革开放初至 20 世纪末（1978—1998）

一、养老服务政策——政府参与、家庭主导

1982 年，《中共中央　国务院关于进一步做好计划生育工作的指示》指出："农村社员年老丧失劳动能力、独生子女不在身边的，应按照当地的有关规定，与无子女老人一样给予照顾，农村应积极举办敬老院等养老事业。中国人民保险公司，要经过调查研究，积极试办老年人的社会保险。"在实施计划生育的同时，为了解除人民群众尤其是农村群众的后顾之忧，1982 年 3 月，国家开始为农村"两女户"办理养老保险。1984 年，在漳州召开的全国民政社会福利工作会议提出了社会福利社会化的构想，并认为中国社会福利工作要实现两个转变：一是服务对象转变，由过去仅仅面向"三无"老人、"五保"老人向面向所有老年人群体转变；二是保障形态转变，由基本生活保障向饮食起居、医疗保健、精神生活等全方位服务保障转变。1985 年开始，政府颁布通知向独生子女家庭 60 岁以上的老年人每人发一定补助。1987 年，在武汉举行的全国第一次社区服务工作会议提出了"面向社会，发展社区服务"的总方针。1996 年，颁布了《中华人民共和国老年人权益保障法》，明确了"国家和社会应当采取措施，健全对老年人的社会保障制度，逐步改善保障老年人生活、健康以及参与社会发展的条件，实现老有所养、老有所医、老有所为、老有所学、老有所乐"，并指出"老年人养老主要依靠家庭，家庭成员应当关心和照料老年人"。"城市的老年人，无劳动能力、无生活来源、无赡养人和扶养人的，或者其赡养人和扶养人确无赡养能力或者扶养能力的，由当地人民政府给予救济。农村的老年人，无劳动能

力、无生活来源、无赡养人和扶养人的，或者其赡养人和扶养人确无赡养能力或者扶养能力的，由农村集体经济组织负担保吃、保穿、保住、保医、保葬的五保供养，乡、民族乡、镇人民政府负责组织实施。""国家鼓励、扶持社会组织或者个人兴办老年福利院、敬老院、老年公寓、老年医疗康复中心和老年文化体育活动场所等设施。地方各级人民政府应当根据当地经济发展水平，逐步增加对老年福利事业的投入，兴办老年福利设施。""各级人民政府应当引导企业开发、生产、经营老年生活用品，适应老年人的需要。""发展社区服务，逐步建立适应老年人需要的生活服务、文化体育活动、疾病护理与康复等服务设施和网点。"

1997 年颁布的《农村敬老院管理暂行办法》规定："敬老院以供养五保对象为主。在没有光荣院的地方可优先接收孤老优抚对象入院供养。有条件的敬老院可以向社会开放，吸收社会老人自费代养。"这一时期的养老服务政策较之前有较大转变，政府已经认识到养老服务是全体老年人都需要的一项基本服务，因此养老服务的对象也应当由"三无"老年人转向全体老年人。虽然国家依然提倡家庭承担养老服务的主要责任，但也开始强调政府在养老服务中的责任，地方政府介入养老服务中，包括兴办养老机构、增加对老年福利事业的投入、发展社区养老服务等。

二、养老服务模式——家庭为主 + 机构为辅

这一阶段的养老服务模式仍然是以家庭为主，老年人的赡养人仍然是养老服务的主要供给者。但与上一阶段不同的是，在这一阶段随着改革开放的实施，大量国有企业改制，家庭成员的工作单位逐渐从体制内转向体制外。随着住房商品化改革，老年人与下一代分开居住也成为普遍现象，子女对老年人的家庭照料在时间、空间及制度上都难以得到保障，这就导致家庭的养老服务功能日益弱化。与此同时，在这一阶段政府依然只承担济贫补缺的责任，但开始推进养老机构社会化改革。这一时期的城市的家政服务公司及养老院、敬老院成为家庭以外提供养老服务需求的另一主体，而在农村地区，老年人依然是以家庭照料为主。

第三节　新旧世纪之交至今（1999 年至今）

一、养老服务政策

1999 年 12 月，民政部颁布的《社会福利机构管理暂行办法》指出："本办法所称社会福利机构是指国家、社会组织和个人举办的，为老年人、残疾人、孤儿和弃婴提供养护、康复、托管等服务的机构。""依法成立的组织或具有完全民事行为能力的个人（以下称申办人）凡具备相应的条件，可以依照本办法的规定，向社会福利机构所在地的县级以上人民政府民政部门提出举办社会福利机构的筹办申请。"该办法虽然并未明确提出民营资本或民间资本参与社会福利服务体系建设的内容，但其中包括对向老年人提供福利的机构在内的社会福利机构的界定，及允许合法的组织及个人申办福利机构。这实际上就是已经允许企业或个人以营利为目的举办养老机构。该办法还指出国外组织或个人可以以合资、合作的形式举办福利机构。这也为养老服务机构举办主体多元化奠定了基础。1999 年 10 月，国务院宣布成立全国老龄工作委员会，简称"老龄委"。老龄委的成立说明国家对老龄事业的重视及对养老服务的关注，也标志着从 21 世纪开始，政府要在养老服务中承担更多的责任。2000 年 2 月，国务院颁布的《关于加快实现社会福利社会化的意见》明确了推进社会福利社会化的指导思想、目标和总体要求，指出社会福利社会化的目标是到 2005 年，我国基本建成以国家兴办的社会福利机构为示范，以其他多种所有制形式的社会福利机构为骨干，以社区福利服务为依托，以居家供养为基础的社会福利服务网络，推进社会福利社会化，采取国家、集体和个人等多渠道投资方式，形成社会福利机构多种所有制形式共同发展的格局。并指出社会福利机构要面向全社会老年人、残疾人拓展服务领域，扩大服务范围和覆盖面，并根据服务对象的不同情况实行有偿、减免或无偿等多种服务。

2000 年 8 月，《中共中央　国务院关于加强老龄工作的决定》明确提出老年服务业的发展要走社会化、产业化的道路。鼓励和引导社会各方面力量积极参与、共同发展老年服务业，逐步形成政府宏观管理、社会力量兴办、老年服务机构按市场化要求自主经营的管理体制和运行机制。国务院十部委颁发的《关于加快发展养老服务业意见的通知》中提出"发展养老服务业要按照政策引导、政府扶持、社会兴办、市场推动的原则,逐步建立和完善以居家养老为基础、社区服务为依托、机构养老为补充的服务体系。要建立公开、平等、规范的养老服务业准入制度,积极支持以公建民营、民办公助、政府补贴、购买服务等多种方式兴办养老服务业,鼓励社会资金以独资、合资、合作、联营、参股等方式兴办养老服务业"。2008年1月,国务院十部委又出台了《关于全面推进居家养老服务工作的意见》,提出"发展居家养老服务,要以科学发展观为统领,以构建社会主义和谐社会为目标,坚持政府主导和社会参与,不断加大工作力度,积极推动居家养老服务在城市社区普遍展开,同时积极向农村社区推进"。2011年9月,《国务院关于印发中国老龄事业发展"十二五"规划的通知》指出,在老龄服务方面,要重点发展居家养老服务,大力发展社区照料服务,统筹发展机构养老服务,优先发展互利康复服务和切实加强养老服务行业监管。2012年7月,《民政部关于鼓励和引导民间资本进入养老服务领域的实施意见》首次提及"民间资本举办的养老机构或服务设施,可以按照举办目的,区分营利和非营利性质"。并要求落实民间资本参与养老服务优惠政策;加大对民间资本进入养老服务领域的资金支持;加强对民间资本进入养老服务领域的指导规范。这为民间资本进入养老服务领域提供了政策支持,为养老服务多元供给机制提供了政策依据。2013年10月,《国务院关于加快发展养老服务业的若干意见》提出发展目标是"到2020年,全面建成以居家为基础、社区为依托、机构为支撑的,功能完善、规模适度、覆盖城乡的养老服务体系。养老服务产品更加丰富,市场机制不断完善,养老服务业持续健康发展"。基于这一目标,具体任务应包括统筹规划发展城市养老服务设施,大力发展居家养老服务网络,大力加强养老机构建设,积极推进医疗卫生与养老服务相结合,等等。2014年1月,民政部下发《关于加强养老服务标准化工作的指导意见》,首次明确了养老服务标准化工作的具体目标,即到2020年,要基本建成涵盖养老服务基础的通用标准、机构、居家、社区养老服务标准、管理标准和支撑保障标准,以及老年人产品用品标准,国家、行业、地方和企业标准相衔接,形成覆盖全面、重点突出、结构合理的养老服务标准体系。2014年8月,财政部、民政部等部门联合发布了《关于做好政府购买养老服务工作的通知》,明确了购买养老服务的基本原则和工作目标,要求根据养老服务的性质、对象、特点和地方实际情况,重点选取生活照料、康复护理和养老服务人员培养等方面开展政府购买服务工作。由此,政府提供的养老服务,从之前的政策投资兴建向购买服务方向转变,服务的提供越来越市场化。"十三五"期间，我国居家社区养老服务发展迅速，机构养老服务稳步推进，普惠养老专项行动顺利实施。2021年，《国务院关于印发"十四五"国家老龄事业发展和养老服务体系规划的通知》（国发〔2021〕35号）提出："十四五"的发展目标之一就是要实现覆盖城乡、惠及全民、均衡合理、优质高效的养老服务供给进一步扩大，家庭养老照护能力有效增强，兜底养老服务更加健全，普惠养老服务资源持续扩大，多层次多样化养老服务优质规范发展。

二、养老服务模式——政府主导下的多元化养老服务

2000年以来，调动和引导社会力量提供老年服务已成为各级政府缓解这一矛盾的重要举措，政府开始树立以满足老年人基本服务需求为导向的服务理念，承担起养老服务的责任，在养老服务的供给及养老服务体系的构建中处于主导地位，政府提供的养老服务也由之前的救济、补缺转变为针对全体老年人的适度普惠。在政府主导下，养老服务社会化方向日渐明晰，包括投资主体、运行机制都体现了市场化、产业化的发展格局，我国养老服务产业的发展也获得了新的突破。企业、社会团体、个人等社会力量也纷纷投入养老服务业，养老机构逐步社会化。在投资运营、运行机制、服务方式和内容等方面，竞争机制的引入满足了养老服务多样化、多层次需求。在这一阶段，以社区为依托的居家养老服务、以机构养老为依托的机构养老服务成为主体。在此基础上，养老服务内容及方式不断创新，结合通信与互联网技术，全国各地都开展了智慧养老服务；将养老机构与医疗机构整合后，推出了"医养结合"养老服务模式；政府出资购买养老机构提供具体服务，实现了养老服务资源的优化配置。

2015年2月3日，民政部、国家发展改革委等十部门联合印发《关于鼓励民间资本参与养老服务业发展的实施意见》（民发〔2015〕33号），鼓励民间资本参与居家和社区养老服务、鼓励民间资本参与机构养老服务、支持民间资本参与养老产业发展、推进医养融合发展、完善投融资政策、落实税费优惠政策、加强人才保障、促进民间资本规范有序参与、保障用地需求。2019年11月，中共中央、国务院印发《国家积极应对人口老龄化中长期规划》，明确提出全面放开养老服务市场，支持社会资本投资兴办养老机构，落实同等优惠政策。

第四节　小结

从新中国成立后我国养老服务政策变迁及模式演进可以看出，政府的角色发生了较大的变化。新中国成立之初，政府对养老服务的政策是不管或少管。改革开放后，政府开始介入和参与养老服务，其管理的范围也有所扩大，但依然没有承担起为全民提供养老服务的责任，而是将养老服务推向社会，由社会福利机构作为养老服务的供给主体；1999年以后，政府开始主导养老服务，并出台了一系列促进养老服务业发展的文件，倡导多元投资主体进入养老服务领域，以满足不同人群的养老服务需求。

第十一章　物联网技术在养老服务中的应用

根据 2021 年国家统计局发布的第七次全国人口普查的数据，我国的人口总数为 14.1 亿，其中 60 岁及以上人口为 2.64 亿，占 18.7%。数量庞大的老年人口对生活照料、医疗服务和精神慰藉等都存在着不同程度、不同特点的需求。在此情况下，如何利用有限的养老服务资源满足我国老年人多样化、精细化的养老服务需求成为亟待解决的问题。将物联网技术应用于养老服务中，能够扩大养老服务的覆盖面，提高养老服务资源使用效率，提升养老服务质量，有利于促进我国养老服务业的发展，实现"老有所养、老有所医、老有所乐"。

第一节　我国老年人养老服务需求现状

一、老年人对养老服务内容的需求

根据马斯洛的需要层次理论，人类最基本的需要是生理需要，之后是安全需要、社交需求、尊重的需求，最后是自我价值实现需要。与此对应，老年人对养老服务的需求也是从低层次到高层次的，分别是生活照料、医疗服务、心理慰藉和临终关怀。

（一）生活照料

人们进入老年期后，衰老成为不可逆转的变化过程，伴随着这一过程，老年人的身体状况通常也会发生变化。这些变化最先体现在身体机能方面，主要包括关节的灵活性降低，行动能力逐渐迟缓，听力和视力不同程度减退，记忆力和认知能力减弱。身体机能的变化使老年人难以完成许多生活琐事，如家庭维修、做饭、洗衣服、打扫房间、购物等，这使生活照料成为老年人最基本的养老服务需求。尤其随着生存环境及医疗水平的提高，我国高龄高寿的老年人越来越多，与此同时，日常生活不能自理、需要照料的老年人数量越来越多。如图 11-1 所示，从 2000 年到 2050 年，我国需要上门照料的老年人数量呈急速上升趋势，预计到 2050 年将有 7 659.2 万人需要上门护理。这将给我国老年服务事业带来巨大的挑战。

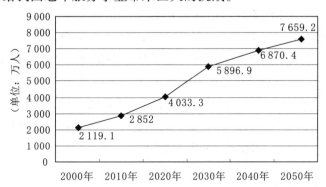

图 11-1　2000—2050 年中国老年人需要上门护理服务的人数

（资料来源：陶立群《促进老龄产业发展的机制和政策研究》）

（二）医疗服务

伴随着年龄的增高，老年人的身体机能与免疫能力也会逐渐下降，患病概率也将大幅度增加，因此医疗服务就成为老年人的第二大需要。根据 2012 年卫生部的调查，我国老年人慢性病比例较高，60 岁以上人口慢性病的患病率为 43.8%，城市是 53.2%，农村是 38.9%，城市高于农村。老年人主要的慢性病的患病率依次是高血压、脑血管病、糖尿病、慢性阻塞性肺部疾患、类风湿性关节炎和缺血性的心脏病。慢性病具有患病周期长、病情易反复、需要长期护理等特点。这也使我国老年人对医疗服务的要求更高，不仅需求量更大，而且要求医疗服务更加便捷、高效。

（三）精神慰藉

除了基本的生活和医疗服务需要，老年人还有寻求精神慰藉的需要。精神健康和生理健康是相互影响、相互促进的，身心健康才是真正的健康。老年人的生理健康一旦出现问题，精神健康自然会受到影响。离开熟悉的工作环境回到家里，老年人会一下子丧失生活的重心，造成巨大的心理落差；遭遇疾病的侵袭，被病痛折磨，老年人会感到无助与恐惧；面对生理机能的下降和活动受限，老年人会感到孤独和寂寞。这些不良的情绪可能会使老年人出现情绪低落、心理抑郁等情况，直接影响老年人的心理健康。因此，老年人需要更多的精神慰藉，也就是精神服务。老年人需要与他人沟通、交流，以满足社交需要；老年人需要家人的陪伴和关心，以满足被尊重的需要；老年人需要参与文体活动或其他力所能及的社会公益活动，以满足自我实现的需要。我国第三次老年人口情况追踪调查的结果显示，2000 年、2006 年、2010 年、2020 年，空巢老人占老年人口比例分别为 38.9%、41.3%、49.3%、45.4%。城乡空巢老人比例的增加对生活照料和精神需求都提出了新的要求。空巢老人与和子女同住的老年人相比，亲情慰藉比较欠缺，更容易感到孤独，也更容易感到悲观厌世、精神空虚、情绪抑郁、记忆力减退等，专家称其为"空巢综合征"。因此，空巢老人更需要生活照料和精神慰藉服务，包括家政服务、心理咨询和陪同外出购物等。

（四）临终关怀

死亡是老年人最后要面临的一段过程，濒临死亡的老人身心均会承受巨大的痛苦，包括生理上会感到呼吸困难，身体各处疼痛；精神上会感到痛苦、悲伤、恐惧甚至愤怒等。老年人生命的最后阶段犹如油尽灯枯，任何的治疗都没有实际意义，反而使身体徒增痛苦，增加自身的恐惧和压力。在死亡来临前，老年人更需要的是改善生命最后时光的质量，需要减轻生理痛苦和心理痛苦，需要平静、舒适且有尊严地走完人生的最后一程。在这一阶段，需要更有针对性、更为个性化的生活照料、医疗服务和心理慰藉，也就是临终关怀服务。随着人们普遍文化水平的提高和对死亡的认识更为客观，老年人对临终关怀的需要将更普遍和迫切。

二、老年人养老服务需求的特点

（一）老年人的养老服务需求具有经常性、及时性和多样性

生活照料涉及老年人生活的方方面面，买菜、做饭是每天都有的生活需要，洗衣、打扫房间、购物是定期的生活需要，而家庭日常维修也是经常会出现的需要，因此老年人对生活照料的需要具有经常性。高血压、心脏病等是很多老年人都有的慢性病，这些疾病一旦发病，都需要立刻送往医院，以便争取挽救生命的时间，因此老年人对医疗服务要求具有及时性。随着经济社会的发展，人们受到多元价值的影响，加之老年人的经济状况、文化背景

的差异，其对养老服务的需求也不是过去单一的内容就能满足的，而是具有多样性的特点。

（二）老年人希望"养老不离家"

"孝"文化是我国的传统文化，家庭承担养老的责任也是我国传统的养老方式，"含饴弄孙""享天伦之乐"是我国老年人普遍对幸福生活的定义，"儿女不孝敬或孤寡老人才会去养老院"仍然是我国老年人的传统观念。在我国老年人口排名前十的上海市，老年人的文化和收入都处于较高水平，但多数老年人仍然期望能够在家里养老。

第二节　现有"点对点""包对包" 养老服务供给模式

一、"点对点"养老服务供给模式

（一）"点对点"的养老服务供给模式：传统居家养老

"点对点"养老服务是指以满足单个老年人的某个需求为目标，一对一、有针对性地为老年人提供养老服务的模式。传统的居家服务就是典型的点对点的养老服务。传统的居家养老是指以家庭为核心，老年人在家中居住，由家庭成员尤其是子女承担赡养责任的养老方式。传统居家养老具有以下特点：首先，家庭成员作为养老服务的供给方，更了解老年人的脾气性格及身体状况，提供的生活照料也更符合老人的要求，并能让老人感到温暖，从而得到身心的双重愉悦；其次，家庭成员可以通过购买的方式选择适合老年人的服务项目，让老年人接受专业人员的上门服务；再次，居家养老可以利用家庭已有的资源，从而降低了经济上的成本；最后，老年人的环境适应能力较弱，年龄越大环境适应能力越弱，更换生活环境会增加老年人发生安全和健康意外的可能，而居家养老能够有效避免这一问题。

（二）"点对点"养老服务的不足

"点对点"养老服务需要家庭成员尤其是子女付出较多的人力、物力和财力。就我国目前的状况而言，家庭的养老功能正在弱化，20世纪80年代的独生子女政策使年轻人背负着巨大的赡养负担，养老和养小的双重压力使年轻人必须面对不菲的经济支出，加之激烈的社会竞争使年轻人不堪重负，传统的居家养老面临着越来越多的挑战。

二、"包对包"养老服务供给模式

（一）"包对包"养老服务供给模式：机构养老

"包对包"养老服务是将老年人视为一个群体，针对这一群体的普遍需求，将一系列服务打包，提供给一群老年人的养老服务模式。机构养老就是典型的"包对包"养老服务，是以养老机构为核心，由养老机构为老年人提供统一住宿、日常生活照料、医疗服务和精神慰藉等服务。养老机构包括养老院、老年公寓等，其养老服务具有以下特点：首先，养老机构有专业的护理人员和医疗设备，能够提供专业化的养老服务；其次，养老机构能够减轻日常照料对家庭成员形成的负担。

（二）"包对包"养老服务的不足

首先，"包对包"养老服务是养老机构对居住在其中的所有老年人提供的包括生活起居等整套服务，所有老年人接受的服务基本是一样的，如居住环境和一日三餐等都无法选择，在满足老年人多元化和差异化的需求方面存在局限性；其次，养老机构中的床位和服务人员都是有限的，这就决定了其服务半径较小，并不是所有老年人都能享受到养老机构的服务项目；最后，入住养老机构并不是一件容易的事，公办养老机构的入住条件严苛，民营养老机构又存在费用高和服务质量难以保障的问题。总之，我国目前的机构养老服务还有待完善。

第三节　物联网技术下"包对点"养老服务模式的构建

一、物联网概况

（一）什么是物联网

物联网这个词最早是在 1999 年由麻省理工学院 Auto-ID 研究中心提出

的，其英文名称为"the Internet of Things"，简称 IoT，即把所有物品通过射频识别等信息传感设备与互联网连接起来，实现智能化识别和管理。也就是说，物联网是指各类传感器和现有的互联网相互衔接的一项新技术。但这一概念过于简单，无法显示物联网的巨大作用。2005 年国际电信联盟电信标准分局发布的《ITU 互联网报告 2005：物联网》中将物联网定义为通过信息技术和通信技术实现在任何时间、任何地点下，人与人之间、人与物之间和物与物之间的连接和通信，并由此建立的新的动态网络。这一概念给人们对物联网广阔的应用前景留下无限的想象空间，彰显了物联网技术的巨大威力。

（二）物联网的特点

（1）全面感知：物联网是针对具有全面感知能力的物体及人的互联集合，是利用射频识别、传感器、二维码等智能感知设备读取有效信息并具有自组织的网络结构，排除了传统网络的主从关系体系。

（2）可靠传输：通过各种信息网络以及互联网，遵循规范的通信协议，以软件或硬件的形式实现对物体信息实时、准确的传送。

（3）智能处理：利用数据融合及处理、云计算等各种计算技术，对海量的分布式数据信息进行分析、融合及处理，向用户提供信息支持，最终实现对物品（包括人）的智能化识别、定位、跟踪、监控和管理等功能。

（4）自动控制：利用模糊识别等智能控制技术对物体实施智能化控制和利用，最终形成物理、数字、虚拟世界和现实社会共生互联的智能社会。

二、物联网技术与养老服务

物联网的最大价值在于其应用层能够提供具体的应用服务，而各应用层的服务又要求其底层技术的发展。这样一来，应用层的需求就带动了物联网技术行业的发展，促进了科技的进步，而底层技术的进步又反过来促进了应用层的发展，最终形成了一个良性的循环。因此，物联网行业被誉为"信息产业的第三次革命"。专家预测物联网将形成上万亿元的高科技市场，由此成为全球的经济增长点。物联网技术的应用已经受到各国政府的重视，为加快我国物联网技术的发展，2012 年 2 月，工信部公布了中国的第一个物联网五年规划《物联网"十二五"发展规划》；2013 年 2 月，中国政府网公布的《国务院关于推进物联网有序健康发展的指导意见》提出到 2015 年，实现物联网在经济社会重要领域的规模示范应用，突破一批核心技术，初步形成物联网产业体系。由此可见，物联网技术已经得到了我国政府及相关部门的重视。截至2022年底，我国移动通信基站总数达1083万个，全年净增87万个，移动网络的终端连接总数已达35.28亿户，其中，代表"物"连接数的移动物联网终端用户数较移动电话用户数高1.61亿户，达到18.45亿户，占全球总数的70%。我国移动物联网终端应用于公共服务、车联网、智慧零售、智慧家居等领域的规模分别达4.96亿、3.75亿、2.5亿和1.92亿户。"十四五"时期，工业和信息化部将面向重点场景实现移动物联网网络深度覆盖，加快移动物联网技术与千行百业的协同融合。作为一项有着广泛应用价值的新技术，物联网技术在家居、医疗、交通和物流等行业都有所尝试，南京市从2010年开始率先尝试"智能养老"，将物联网技术应用于养老服务领域，通过各类传感器使老人的日常生活处于远程监控状态。这只用到了物联网最基本的功能，实际上物联网技术在养老服务中的应用远不止这些，根据老年人的养老服务需求，可以建立一个庞大的养老服务物联网，针对个体老年人的个性化需求，提供全方位、立体化的养老服务，也就是智能居家养老服务。

截至目前，我国智慧养老已经在几个省市进行了试点，智慧养老服务需求扩大，技术供给可及，政府政策也很支持，下一阶段要解决的问题就是如何更精准识别老年人的需求，提升供给体系的智能程度，消除供求之间的不匹配问题，加强政府的制度供给等。

三、"包对点"养老服务供给模式及其目标

（一）"包对点"养老服务供给模式：社区智能居家养老

智能居家养老由英国生命信托基金会最早提出。该基金会称其为全智能化老年系统，即通过物联网技术，老年人在日常生活中可以不受时间和地理环境的束缚，在自己家中过上高质量、高品质的生活。我国老年人的活动范围基本都在社区内，社区内已有的卫生所 / 服务中心、派出所、餐厅、超市等服务机构，都能够作为构建智能居家养老服务的资源。因此，可以选定社区为最小单元，建立以物联网技术为基础的社区智能居家养老服务系统。在此基础上，可以将全国的社区联网，构建全国联网的智能居家养老服务体系，通过物联网实现信息的交互和共享。

社区智能居家养老将现代技术应用于养老服务供给中，将生活照料、医疗服务、精神慰藉甚至是临终关怀服务凝结为一个养老服务资源包，将这个资源包的功能集成为一个腕带，方便老年人随身携带。当老年人有需求，或

者处于危险状态时，腕带就会发出信号，相应的物品或者人就能够识别信号，并为老年人提供及时的服务。一旦建立养老服务物联网，就可以将一个社区甚至更大区域中可利用的服务资源连接在一起，形成一个智能养老服务系统，所覆盖区域内的每一个老年人都是一个接受服务的点，整个服务系统都可以跟踪和监测老年人的实时情况，并根据老年人的个体需求提供有针对性的养老服务。

（二）"包对点"社区智能居家养老服务的目标

"包对点"社区智能居家养老服务利用先进的物联网技术，结合传统居家养老和机构养老的优势，使老年人在家中居住的同时，能够享受到和养老机构一样的专业化服务。智能居家养老覆盖的老年人数量更多，服务半径更大，尤其是 24 小时监控系统和智能交互终端能提供全天候无死角的监控与全方位的管理服务，更安全，也更节省人力成本。

智能居家养老系统的服务目标是使老年人的生活更加便捷、健康、快乐（图 11-2）。首先，该系统能够通过实时监测和信息交互系统，根据老年人的需求提供更为及时和便捷的生活服务，让老年人在家中就可以按时吃到热腾腾的饭菜，能够以合理的价格享受到日用品的上门送货服务，有人定期上门保洁，外出时有人陪同，家电出现问题有人及时上门维修等；其次，根据老年人的个体情况提出健康解决方案，使医疗服务更加专业化和个性化，包括检测老年人身体健康，定期上门体检、远程诊疗、上门诊疗，提供保健知识讲座等让老年人更加健康；再次，随时随地为老年人提供精神慰藉服务，包括提供电话或视频方式的心理咨询、电话或视频方式的倾听与聊天、娱乐互动、各种兴趣讲座等；最后，提供及时、人本的临终关怀服务，包括视频告别服务、远程心理疏导服务和适度的诊疗服务等。

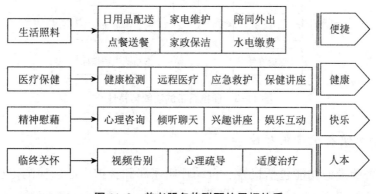

图 11-2　养老服务物联网的目标体系

第四节　构建社区智能养老服务系统的技术方案

社区智能养老服务系统的核心价值在于将社区覆盖的老年人和社区服务中心以及社区范围内可利用的养老服务资源联系起来，让老年人可以随时、随地、随心地享受到养老服务。提出社区智能养老服务系统的技术方案：首先，要将社区内可利用的资源打包，并且使老年人能够随身携带；其次，设置能够收集老年人需求信息的设备，并将此信息分配到养老服务的社区智能养老服务中心；最后，根据物联网技术，将老年人、社区和社区内养老服务供给机构联系起来。比如通过感知层采集老年人的信息，如老年人所处的环境、老年人动态、老年人的生理健康状况等；通过网络层传输采集到的信息，让老年人的个体信息能够及时地与各服务终端交互和共享；通过智能计算技术对采集到的信息进行分类和处理，并给出智能化的决策，将每一类信息都传送到对应的服务机构，让老年人的需求得到及时满足。

一、设计老年人便携腕带

老年人处在养老服务物联网的用户层，将养老服务资源打包集中在一个便携腕带上，可以实现对老年人信息的采集（图 11-3）。

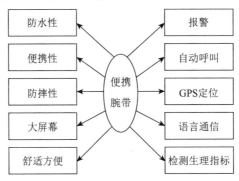

图 11-3　便携腕带的功能与特性

（一）便携腕带的功能

便携腕带的功能包括报警、自动呼叫家属和救护中心、检测生理指标、GPS 定位、语音通信和信息显示功能。当老年人遇到危险或者陷入困境时，能够一键报警；自带的 GPS 定位系统能够让家属和社区服务中心检测到老年人的位置，自带报警软件；生理指标检测功能能够实时检测老年人的心跳、血压；当老年人生理指标偏离设定的数值时，腕带能够自动呼叫救护中心和家属；语音通信功能能够为老年人提供实时通信服务；信息显示功能能够接收来自家人或社区服务中心提供的各类信息。

（二）便携腕带的特性

便携腕带根据老年人的生理特点并结合人体工学原理，采用舒适的材料，佩戴起来舒适方便还具有防水性、防摔性，不易损坏。不仅如此，腕带上还有超大显示屏和按键，以便老年人能够看清楚信息和进行按键操作。

二、建立社区智能养老服务中心

社区智能养老服务中心的主要功能是在老年人和服务机构及家人之间搭建一个平台。通过服务中心的服务器终端能够实现包括管理界面显示、派发服务任务、分配服务权限和管理老年人信息四个主要职能。管理界面显示对老年人实施实时监控，包括老年人的身体状况，如心动周期、呼吸波形、体动、体温、脉搏和血压等生理参数的全过程动态变化等；老年人的需求显示如自动呼叫、语音通信和短信定制服务等；老年人所处位置及活动轨迹等。派发服务任务是根据采集到的老年人需求信息，联系对应的服务供给机构。分配服务权限是根据服务机构的类别、特点及资质，为其设置能够查到的老年人信息。管理老年人信息是对老年人信息库的信息进行实时更新和管理，信息库记录了社区所有老年人的基本信息，包括个体老年人的身体状况和特点、既往病史、接受过的服务清单和兴趣爱好等，根据这些信息能够为老年人提供更加精细化、个性化的养老服务。

三、建立智能养老服务层子系统

智能养老服务层子系统在养老服务体系的最终端，是社区服务中心指令的执行层，由提供各种服务的机构和老年人家庭及家属组成。运转顺畅的服务层子系统是提供高质量养老服务的基础。智能养老服务层子系统包括生活照料服务系统、医疗保健服务系统、智能家居服务系统和家属监控系统。

（一）生活照料服务系统

生活照料系统由社区里各种生活照料服务机构组成，包括超市、家政公司、维修工、餐馆等。志愿者的服务内容通常为生活照料，因此也包括在这一服务系统内。当某个老年人发出生活照料需求时，管理界面就会显示出老年人的姓名、居住的具体地点，管理员随即根据老年人的需求向特约的服务机构发出指令，服务机构可以根据事先分配到的服务权限，了解老年人的基本信息，并根据老年人预约的时间上门为老年人提供生活照料服务，包括送餐、上门维修、陪同外出、家政保洁等。

（二）医疗保健服务系统

医疗保健服务系统由社区内各种提供医疗保健服务的机构组成，包括医院、诊所、体检中心、药店等。心理咨询师为老年人的心理健康提供服务，因此也包括在这一服务系统内。当某个老年人发出医疗保健需求时，管理员界面会显出老年人健康状况信息，管理员根据老年人的需求向不同的医疗保健机构发出指令，医生根据事先分配到的服务权限查询老年人的既往病史，并迅速做出反应，安排老年人就诊或者住院，同时将情况反馈给家属和服务中心。如果老年人发生意外，如摔倒或者晕倒，最近的医院可以最快的速度对老年人实施急救。

（三）智能居家系统

在老年人居住环境中设置传感器，包括地面和各种家用电器，监控老年人居住环境，与此同时使社区服务中心、居住环境和老年人的便携腕带之间能够实现信息交互。通过智能居家系统，房屋内的传感器能够及时采集温度、湿度、光线和空气清洁度等环境指标的数据，并能够通过自动开关窗帘、空调、加湿器、电灯等外部设备让老年人始终处于一种舒适的环境中。当某一项指标超出正常范围，如煤气泄漏，系统就会自动报警。该系统还能通过老年人的便携腕带开启电视、电脑、电话等设备，为老年人提供娱乐节目、专题讲座等内容，或者让老年人与家人视频沟通，丰富老年人的精神生活。

（四）家属监控系统

利用手机、电脑等设备将服务中心、家属与老年人连接在一起，家属通过手机或者电脑可以监测老年人的情况，也可以通过登录服务中心系统查看老年人的详细情况，还可以与老年人视频和通话，通过卫星定位系统对老年人的行动轨迹进行高精度的定位，结合三维地图，系统就能够识别老年人移动的方位和所处的地点，当老年人离开了预先设定的范围，或者发生跌倒等突发情况，系统就会发出警告，用短信方式通知家庭成员。

四、社区智能养老服务系统架构模型

便携腕带、社区智能服务中心和养老服务层子系统是智能养老服务体系运转的基础。要想真正实现该系统的运转，还需要建立以物联网为核心技术的社区智能养老服务系统架构模型，通过物联网技术动态地接入各种养老服务层子系统，以此来提供各种智能养老服务。与物联网的架构一样，社区智能养老服务系统也由三层组成，分别为感知层、网络层、应用层，如图11-4的社区智能养老服务系统架构模型所示。

第一层是感知层。感知层作为物联网和外部世界交换信息的第一站，是网络层和应用层发挥功能的基础。感知层的核心技术是射频识别技术 RFID 技术和传感器技术。射频识别技术 RFID 能够标识物品、读取信息和发射信号，主要用来对老年人进行标识；传感技术能够感知热、力、光、电、声、位移等信息，主要用来采集老年人及环境的信息。通过这一层，老年人的实时状况能够被全面感知。

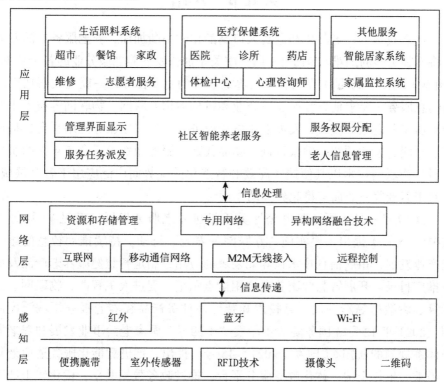

图 11-4 社区智能养老服务系统架构模型

第二层是网络层。网络层是信息传输层，主要作用是通过各种网络将从感知层获得的有关老年人的海量信息进行汇集、交换和分析。它可以使信息在感知层和应用层之间上传下达，起到连接纽带的作用。网络层的核心技术是网络技术与通信技术，通过这两个技术能够使数据信息快速、安全和高效地传递。

第三层是应用层，也是建立养老服务物联网体系的最终目的。通过应用层能够将各种服务终端接入，从而满足老年人各种服务需求。应用层包括社区智能服务中心和服务层子系统：社区智能服务中心有各种智能软件，主要记录和存储老年人的资料，并接收来自网络层的信息，通过对信息的挖掘、处理、分类、分析实施智能化的决策；服务层子系统的各种服务机构通过服务中心的指令为老年人提供相应的服务，家属也能够通过服务中心了解老年人的情况。

第五节　小结

随着我国人口老龄化和老龄人口高龄化的不断加深，养老服务业的发展必将面临更多的困难。2013年《国务院关于加快发展养老服务业的若干意见》（国发〔2013〕35号）提出，发展养老服务的主要任务之一就是发展居家网络信息服务。要求地方政府支持企业和机构运用互联网、物联网等技术手段创新居家养老服务模式，发展老年电子商务，建设居家服务网络平台，提供紧急呼叫、家政预约、健康咨询、物品代购、服务缴费等适合老年人的服务项目。物联网技术以其便捷、高效和智能化的优势而广泛应用于各个领域，这对于养老服务业而言将起到推动作用。

2019年4月《国务院办公厅关于推进养老服务发展的意见》（国办发〔2019〕5号）提出，要实施"互联网＋养老"行动。持续推动智慧健康养老产业发展，拓展信息技术在养老领域的应用，制定智慧健康养老产品及服务推广目录，开展智慧健康养老应用试点示范。促进人工智能、物联网、云计算、大数据等新一代信息技术和智能硬件等产品在养老服务领域深度应用。2021年12月《国务院关于印发"十四五"国家老龄事业发展和养老服务体系规划的通知》（国发〔2021〕35号）提出，推进智能化服务适应老年人需求。依托全国一体化政务服务平台，推进政务数据共享，优化线上线下政务服务，让老年人办事少跑腿。持续推进互联网网站、移动互联网应用适老化改造，优化界面交互、内容朗读、操作提示、语音辅助等功能，鼓励企业提供相关应用的"关怀模式""长辈模式"，将无障碍改造纳入日常更新维护。支持终端设备制造商、应用产品提供商、养老服务机构联动，促进上下游功能衔接。

第十二章 基于大数据的社区智慧养老模式构建

在"无处不物联，事事皆计算"的大数据时代，"大数据"成为当前最热议的话题之一。无论是企业还是政府都在挖掘大数据的价值，并试图借助"大数据思维"整合各种资源，实现创新。那么，大数据对养老服务有怎样的价值呢？我国是否能够通过大数据推动智慧养老服务，以有限的养老资源为日益增加的老年人口服务呢？本章将对这些问题进行研究，并在此基础上提出大数据时代智慧养老服务的实现路径。

第一节 大数据对养老服务的价值

大数据是指大量的非结构化或半结构化的数据，也就是无法用数字或统一的结构表示，如文本、图像、声音、网页等。国际商业机器公司（International Business Machines Corporation，简称 IBM）用"4V"界定大数据的特征，分别是大量化（volume）、多样化（variety）和快速化（velocity）和真实性（veracity）。大量化是指数据体量巨大，多样化是指数据类型繁多，快速化是指数据产生和处理的速度都很快，真实性是指大数据的真实性高。大数据并不只是收集海量数据，还需要数据挖掘，通过计算机对数据进行统计、比对、解析，剔除无关因素，进而得到真实有用的数据。

大数据会成为当今世界的热点而被广泛关注的关键在于它所蕴含的巨大价值。大数据对一国的国计民生、经济发展都能够产生巨大的影响。大数据在经济社会管理领域的价值在养老服务领域也能够体现，只是大数据所服务的人群范围更加特定化，即老年人群。就商业领域而言，市场可以根据老年人的需求提供更为精确和细化的养老服务，以满足个体老年人的养老服务需求，这将是非常大的一个盈利空间。按照养老服务的内容，养老服务可以划分为生活照料、医疗服务、心理慰藉和临终关怀，而大数据在这些方面都发挥着巨大的作用。就对老年人的生活照料而言，最基础的就是吃、住、行。吃可以通过收集反映老年人饮食习惯的数据，为老年人定时定量配送新鲜蔬菜或者三餐。通过老年人的就餐情况，确定老年人的饮食喜好，并根据老年人每天的用餐量，及时掌握老年人的身体状况，帮助老年人调整饮食习惯，吃得更健康。住是要老年人住得安全、舒适。通过对老年人居住环境情况的信息采集观测老年人居住的环境情况，记录室内温度、噪音量、光线情况等，从而对老年人的居住环境进行远程调节。如果遇到突发状况，产生的异常数据还可以进行报警。出行也是大多数老年人的必须活动。对于出行的老年人，可以进行跟踪和定位，记录老年人的运动轨迹，当老年人发生危险时，也可以及时自动报警，以保证老年人的安全。此外，医疗服务也是老年人日常生活最需要的服务。随着老年人年龄的增大，患病风险也增高。我国老年人普遍患有各类疾病，包括高血压、糖尿病、心脏病、脑萎缩等带病生存周期长的慢性疾病，通过大数据技术可以收集老年人的信息，老年人随时随地都能够享受到远程的医疗服务，医院可以根据老年人的健康情况制定个性化的远程护理，包括指导吃药、定期体检、实时监控、疾病预防等，即便老年人有突发情况也可以及时联系医生。

在物质生活得到极大改善的现代社会，心理慰藉是最容易被忽视的老年需求。对于老年人而言，心理慰藉是不可或缺的。这是因为随着年龄的增长，身体的衰老以及接受新事物能力的弱化，老年人会感到自己与社会割裂，进而感到孤独、抑郁。尤其对于空巢老人和失独老人而言，他们有"自卑心理"，更需要精神赡养。通过大数据技术能够对这些老年人的个体特征进行挖掘，由此获得老年人的兴趣爱好和心理特点，定期提供他们感兴趣的活动信息，并通过网络为他们建立对外沟通的平台，由心理咨询人员在网上发起，帮助他们建立朋友圈，互相交流，甚至还可以进行心理咨询服务。这样一个专业人员就可以为多名老年人提供心理慰藉服务，借此安抚老年人的心灵，使他们获得精神上的愉悦。临终关怀是指对生存时间有限的老年人提供护理，以减轻其生理痛苦和心理恐惧。通过对临终老年人普遍需求的数据采集可以为其提供常见的临终服务，包括亲人、医护人员的服务等。此外，通过对临终者生理数据的采集可以为其提供精确的服务，包括温度、湿度、光线、音乐等，以使临终者能够在最为舒适的状态下离开，这对于临终者本人及其家属而言都是一种告慰。

另外，大数据也能提高政府提供老年服务和管理老年事务的能力。政府对于老年服务的介入主要包括两个方面：一方面是提供经济支持，另一方面就是监督管理。在经济支持方面，养老保险是非常重要的内容。通过数据采集，政府可以获得准确的参保情况，包括参保人数、缴费情况、养老保险转移接续情况等，这些信息有助于政府制定正确的养老保险政策。在监督管理方面，通过专业的业务系统、交易系统和社交网络系统提供的大量数据，政府可以对医疗机构、养老机构或其他老年服务机构进行监管，并根据老年人的需求规范这些机构的各项服务，实现及时监管。

第二节　大数据时代养老服务模式的创新——智慧养老

大数据时代的来临为养老服务带来新的机遇。"智慧养老"作为大数据、云计算和物联网催生的新事物，开始进入人们的视野。智慧养老是基于智能化信息技术实现以人为本，提供个性化、智慧化养老服务的一种养老模式。

一、甄别并满足老年人的个性化需求

通过老年人携带的数据采集终端及居住环境中的传感设备能够实现对老年人及周围环境的实时监控，并将老年人及周边的人、物、设施和数据信息统一在一个智能网络中，建立互动关系，再通过挖掘、整合和利用这些数据信息为老年人提供智能、泛在、协同的智慧养老服务。不同的老年人有不同生理特点、心理特点和生活空间，通过对其每天产生的海量数据的分析与统计，不同的服务终端可以为老年人提供量身定做的产品和服务，包括最基本的日常生活照料、生病时的医疗服务和其他特殊的服务。这就相当于老年人个体通过不断发出的数据信息反映自身的个性化需求，如采购、家政等服务，从而使其提出的个性化需求得到及时的满足。另外，大数据还能够为老年人提供可预见的智慧养老服务。大数据具有较强的预测功能，老年人本身没有意识到的潜在需求，大数据也可以预见，并及时提供前瞻性的服务。可以说，充满智慧的大数据对于老年人和终端服务商而言，都会带来意想不到的收获。

二、整合养老服务资源，用有限资源覆盖最大范围的老年人群

我国的养老机构和专业养老护理人才存在庞大缺口，这就需要我们整合现有的养老服务资源，以现有的资源尽可能地覆盖最多的老年人群，使老年人享受到及时的医疗服务和护理。大数据能够在这一领域发挥作用，如通过

移动护理院和移动医疗服务将某一特定区域内所有的医疗和护理资源纳入数据平台，使老年病人的信息可以共享。一旦某个老年人显示出护理需求，就可以通过数据库实行任务分派，将距离老年人最近的闲置资源配置给老年人。高清、移动的现代技术能够协助医护人员快速到达老年人身边，抓住急救的"黄金半小时"。未来，医生还可以通过智能手机查房，结合收集到的病人的各项检查结果，如身体恢复情况、实时病情等，轻松、科学地做出下一步的治疗方案。此外，医疗信息平台还可以通过短信的形式为老年人提供医疗咨询、预约挂号等。这种形式使有限的资源实现了最合理的配置，从而能够使更多的老年人受益。

三、通过智能管理推进智慧养老服务

利用大数据可以进行养老服务的智能管理，有利于养老服务供给方和政府对养老服务进行监管，从而提高养老服务的质量和服务效率。通过大数据可以建立各类养老服务的风险模型，如养老机构的安全风险评估模型、老年人口数量与医疗机构风险模型、老龄化速度与养老金规模的风险模型等。这些风险模型建立后，可以通过采集到的各种数据预测风险的阈值，并及时报警，帮助相关机构及时做出反应，或者提前准备，及时采取措施防范风险的产生。对养老机构的风险评估模型可以帮助养老机构及时发现存在的各类风险，也可以作为政府建立养老机构指标体系的参考，并帮助政府进行监管。

第三节　大数据时代智慧养老服务模式的实现路径

大数据时代的智慧养老服务是对传统养老服务的一种创新，但要真正实现智慧养老，还需要从技术层面和管理层面进行配套。

首先，建立公开、共享、覆盖广泛的智慧养老服务数据平台。大数据时代的智慧养老服务应基于海量数据的获得，如果能将全体老年人的个体信息都转化为数据，那么就能够为更多的老年人提供更多、更为个性化的智能服务。这就需要在政府的扶持下建立覆盖全体老年人的数据平台，并且这些数据在养老服务数据平台上应当是公开和共享的，包括政府已有的老年人数据信息、各行业所有的老年人数据信息，以及老年人通过社交网络提供的各种信息。通过智慧养老服务数据平台，无论是政府还是服务供应方，都能够实现信息共享，并通过信息挖掘提供相应的服务，这样才能使大数据发挥最大

的价值。

其次，建立数据管理中心对数据进行收集与管理。基于云计算、传感技术、物联网和海量信息处理等新技术的信息系统让养老服务进入了全新发展的阶段。利用这些信息技术可以形成生活照料系统、医疗服务系统和心理慰藉系统，再通过对各类数据的汇集形成养老大数据，汇总到数据管理中心，进行清理、分类和分析，最后分配到具体的服务供应方，可以为老年人提供智慧的养老服务。

最后，建立智慧养老服务的准入和监管机制。由政府牵头制定智慧养老服务的准入制度，筛选信誉好、能力强的服务供应方进入智慧养老服务领域，并制定相应的监管制度。这样，一方面能够避免老年人信息泄露造成的安全隐患，另一方面能够保障智慧养老服务在起步阶段有良好的开端，以便形成良性循环。

第十三章　构建完善的养老服务体系

随着社会经济的发展，老年人对养老服务需求的多样化、精细化要求使养老问题日益突出与复杂。实现"老有所养、老有所依、老有所乐"，需要从内容、形式、制度、管理、经济支持、技术支持及文化等方面来构建完善的养老服务体系。下面主要从养老服务的形式和制度安排两方面探讨养老服务体系的构建。

第一节　养老服务的形式

根据老年人接受养老服务地点的不同，可以将养老服务划分为居家养老、机构养老和社区养老三种形式。

居家养老是指以家庭为核心，使老年人在家里接受生活照料、医疗服务和心理慰藉等各种养老服务的一种养老形式。居家养老的优势在于更多地依托家庭，让老年人在自己家里接受养老服务，有效提高了老年人的适从度；不用再建设新的居所和购置家居用品，降低了养老服务成本。但不足之处是，进入家庭为老人提供服务通常是一对一的，服务的覆盖面比较窄，且通常为生活照料和医疗服务，服务内容较为单一化。

机构养老是指以养老机构为核心，老年人离开家到养老机构接受养老服务的一种养老形式。养老机构中有专为老年人设计的生活起居、文化娱乐、医疗保健等服务设施，硬件条件更加完备，而且工作人员一般都接受过有关老年护理的培训，能够提供较为专业化的养老服务。随着家庭养老功能的弱化和老年人养老观念的转变，社会对养老机构的需求更加强烈，养老机构能够通过细分养老市场，根据老年人的经济状况、健康状况和特殊需要提供多元化的养老服务。

社区养老是以社区为依托，以家庭为基础，结合社会养老机构，由社区承担养老服务责任的养老形式。老年人可以在自己家里居住，也可以在社区设立的养老机构居住，既不必离开熟悉的社区环境，从而更加便捷地获得专业化养老服务，又能够获得家人的照料和陪伴。与居家养老相比，社区的功能性强，能够为老年人提供生活照料、医疗服务和精神慰藉，甚至是临终关怀；与机构养老相比，社区的覆盖面大，社区中的老年人，甚至附近社区的老年人都可以享受社区的养老资源，能够惠及更多的老年人，加之老年人可以居住在家里，社区养老的成本更低。

第二节　养老服务的制度安排

一、养老服务的运行机制

良好的运行机制是养老服务体系得以持续发展的基础。综合来看，建立良好的养老服务运行机制应当从以下几个方面着手：

首先，建立多元化的资金投入机制。应建立以财政投入为主、公益基金及其他社会投入为辅的多元资金投入机制。政府的财政支出能够为广大老年人提供养老服务的资金保障，也可以发挥公益组织和其他社会组织的作用，将公益基金和企业或个人捐助等作为养老服务资金投入的补充。

其次，建立多主体参与的养老服务供给机制。政府是提供养老服务的主体，但政府提供的养老机构或设施都是相对有限的，且获取政府的养老服务受到特定条件的限制（如家庭人口或收入的限制）。建立多主体参与的养老服务供给机制能够充分利用全社会可利用的养老服务资源，让企业、公众、公益组织等共同提供养老服务，弥补政府供给养老服务的不足，满足老年人不同的养老服务需求。

再次，建立养老服务人才培养机制。要做好养老服务，不仅需要了解老年生理学、心理学和护理学的知识，还需要具有良好的职业道德和一颗爱老敬老的心，综合这些素养的专业人才不是短期培训能够达到的，因此需要建立专业化的人才培养机制。比如，在高校开设养老服务的相关专业，培养专业的后备力量；对已经或将要从事养老服务的人员开展培训，要求其通过资格考试，持证上岗，以此提高专业化水平。

最后，建立养老服务责任共担机制。养老服务作为一种具有福利性质的公共产品，无论是财力支持还是人力、物力的投入，都应当由政府承担主导责任。但同时应当倡导个人、家庭、企业及社会积极承担责任。个人在年轻

时应当为自己积蓄足够的财富，以便老年时购买养老服务；家庭成员应当主
动承担照顾老人的责任；社区和公益组织应当利用自身资源为老年人提供相
应的养老设施和服务；企业通过建立年金和投资养老服务事业等方式承担养
老服务的社会责任。

二、养老服务的法治建设与法律支持

我国养老服务的发展还处于初级阶段，法律法规的滞后阻碍了养老服务
的健康发展，尤其是养老服务的监督及评估机制亟待完善。政府应该通过制
定法律法规将生活照料、医疗服务、精神慰藉和临终关怀等内容都纳入法律
的范畴，将每一项内容都细化为可操作的办法，由此实现养老服务的规范性
和统一性，进而将养老服务纳入法治化的轨道。

三、养老服务的管理

从供给主体的角度看，养老服务资源包括家庭、社区、市场、政府和志
愿组织。家庭是最原始的养老服务资源，提供服务具有及时性和无偿性的优
势，但存在人力不足、资金不足和缺乏专业化的劣势。社区提供养老服务具
有成本低和覆盖面广的优势，但及时性差，也存在人员不足、缺乏资金的劣
势。市场提供养老服务具有效率高、专业化程度高的特点，但是市场会"失
灵"，存在费用高、质量参差不齐的缺点。政府提供养老服务有资金和行政
管理的优势，体现了公益性和公平性，但是提供服务成本较高，缺乏竞争，
服务质量有待提高。志愿组织提供的养老服务具有自愿性、无偿性的特点，
服务质量更高，更具有针对性，效果也更好，但是因其自治性而缺乏稳定
性。由此可见，不同养老服务资源都存在自身的优势和劣势，必须通过资源
整合来扬长避短。养老服务应当体现公益性与公平性，因此需要建立覆盖全
体老年人的养老服务。比如为发挥志愿组织的作用，可以建立本社区的志愿
组织，或让志愿组织与社区建立固定的关系，增强志愿组织的稳定性。政府
不直接提供养老服务，而是提供资金补贴，既可以补贴家庭或社区，又可以
在市场上购买养老服务，以弥补其他组织资金不足的劣势。

四、养老服务的质量控制

目前，我国养老服务的供给不足，服务质量良莠不齐。基于此，政府既
要着眼于扩大养老服务的数量，又要对养老服务质量实施控制。具体而言，
就是将老年人的养护级别，养老机构及从业人员的准入标准、退出机制，养

老服务的内容等都细化为具体的指标，对每一项指标都建立量化的评估标准，由政府实施监督与评估。按照标准监督和评估养老服务的质量和水平，按照老年人自身的变化提供动态的养老服务，对不符合要求的养老服务机构及时干预，通过质量控制提高养老服务的水平，使老年人能够真正地享受高质量的老年生活。

五、养老服务的经济支持

养老服务的经济支持涉及三个问题，一是"谁拿钱"，二是"拿多少"，三是"怎么拿"。"谁拿钱"就是资金供给问题。养老服务有三个可能的资金供给渠道，即家庭供给、政府供给和志愿供给。养老服务的资金供给这一问题单靠一种渠道是不够的，应当在家庭、政府和志愿供给中形成责任共担机制。"拿多少"由养老服务的需求水平决定，受老年人直接的养老需求水平和养老服务的基本设施建设水平影响。一般而言，政府出资不仅用于老年人养老的直接投资，还用于养老服务基本设施建设的投资，出资水平和比例相对较大，其他机构和家庭个人的出资水平相对较小。但无论如何，各类出资者的出资水平应该以满足老年人养老服务需求的基本水平为依据。"怎么拿"实际上是供款比例问题。在养老服务资金供给的三种途径中，家庭的经济支持能力最弱，个人年轻时的储蓄可能因为通货膨胀而贬值，而家庭收入中能够用于赡养老人的部分也是有限的；志愿组织的经济能力大于家庭，但其资金来源多数依靠社会募集，存在很大的不稳定性；政府的经济实力是最强的，但政府养老的财政负担是最重的。因此应当通过测算来确定一个适当的供款比例，让家庭、政府和志愿组织都承担相应的责任，以实现资金支持的可持续性。

六、养老服务的技术支撑

现代技术的应用能够使养老服务变得更加快速、便捷，更加智能化。能够应用于养老服务的现代技术主要有现代物流配送技术、远程诊疗技术和物联网技术。现代物流配送技术是运用现代化的信息技术和机械设备完成商品和服务配送的全部技术。其在养老服务中可有广泛适用。例如，老年人只需要打一个电话，或者通过互联网订购，就能够以超市的价格购买生活用品，并享受到免费配送到家的服务；通过刷卡就能够足不出户地缴纳水、电、煤气费；通过社区物流服务中心就能够吃到可口的饭菜。远程诊疗技术是网络通信技术与医疗技术相结合的一项新技术。老年人对医疗服务的需求量大，频率较高，而我国目前医疗资源紧缺。通过计算机和网络通信技术实现对医学资料和远程视频、音频信息的传输、存储、查询、比较、显示及共享，可以让老年人坐在家中就能够以远程交流的方式与医生对话；不用转院，在一家医院就能够以远程诊断的方式享受到全国各地专家的会诊。物联网技术是通过射频识别（RFID）、红外传感器、全球定位系统、激光扫描器等信息传感设备把任何物品与互联网相连接，进行信息交换和通信，以实现智能化识别、定位、跟踪、监控和管理的一种现代技术。将物联网技术应用到老年服务中，能够实现"包"对"点"的服务。将养老资源集成到一个芯片上，这个芯片就可以看作一个养老服务包，让老年人随身携带芯片，老年人就成为接受服务的一个点，再通过传感器可以将老年人与服务终端相连。这些服务终端包括小区服务中心、附近的医院、家中的视频监控器、子女的手机或电脑等。通过网络技术和信息技术，社区可以及时为老人提供生活照料服务，子女可以观察到老人的实时情况，一旦老人健康出现问题时，能够发出警报，通知医院及时实施救治，而当老人外出时，也能够对其进行准确定位。

七、养老文化

养老文化是指社会对养老服务的价值选择，对人们的养老行为具有引导、监督和强化的作用。在西方国家，家庭没有养老的传统，父母与子女之间的关系是自由和平等的，加之完善的社会保障体系，老年人不需要在资金和人力上依靠子女，养老服务更多的是依靠自己和政府。而在中国，孝敬父母、奉养老人的传统思想仍然是养老文化的主流，家庭仍然天然地承担着养老的责任。然而，家庭的养老能力毕竟是有限的，随着社会价值观的多元化和老年人养老需求的差异化，发展养老服务业还需要政府承担责任。"全社会积极应对人口老龄化意识显著增强，支持和参与养老服务的氛围更加浓厚，养老志愿服务广泛开展，敬老、养老、助老的优良传统得到进一步弘扬"，这是《国务院关于加快发展养老服务业的若干意见》中明确的养老服务业发展目标之一。在这一政策导向下，政府应当在加强舆论宣传、完善政策法规、吸引社会力量投资和实施监督管理等方面承担责任，大力宣传敬老、爱老的传统文化，调动全社会参与养老服务的积极性，同时发挥监督管理的作用，提升养老服务的质量和效率。

参考文献

[1] 埃瑞克·G.菲吕博顿，鲁道夫·瑞切特：《新制度经济学》，孙经纬译，上海财经大学出版社，1998。

[2] 李建德：《经济制度演进大纲》，中国财经出版社，2000。

[3] 何文炯、方倩：《流动就业人员养老保险关系转移问题研究》，中国劳动社会保障出版社，2006。

[4] 郑功成：《社会保障学——理念、制度、实践与思辨》，商务印书馆，2000。

[5] 郑功成：《中国社会保障制度变迁与评估》，中国人民大学出版社，2002。

[6] 郑功成：《社会保障学》，中国劳动社会保障出版社，2007。

[7] 柯武刚、史漫飞：《制度经济学：社会秩序与公共政策》，商务印书馆，2000。

[8] R.科斯、A.阿尔钦、D.诺斯等：《财产权利与制度变迁：产权学派与新制度经济学派译文集》，刘守英等译，上海人民出版社，2004。

[9] 埃里克·弗鲁博顿、鲁道夫·芮切特：《新制度经济学：一个交易费用的分析范式》，姜建强、罗长远译，上海人民出版社，2013。

[10] 道格拉斯·C.诺斯：《制度、制度变迁与经济绩效》，杭行译，格致出版社，2014。

[11] 青木昌彦：《比较制度分析》，周黎安译，上海远东出版社，2001。

[12] 卢现祥：《新制度经济学》，武汉大学出版社，2004。

[13] 罗必良：《新制度经济学》，山西经济出版社，2005。

[14] 郭曰君：《社会保障权研究》，上海人民出版社，2010。

[15] 董克用：《养老保险》，中国人民大学出版社，2000。

[16] 劳伦斯·汤普森：《老而弥智——养老保险经济学》，中国劳动社会保障出版社，2003。

[17] 亚里士多德：《政治学》，吴寿彭译，商务印书馆，1997。

[18] 约翰·康芒斯：《制度经济学》，于树生译，商务印书馆，1998。

[19] 王海涛：《新制度经济学概论》，东北大学出版社，2009。

[20] 杨小凯：《经济学：新兴古典与新古典框架》，社会科学文献出版社，2003。

[21] 奥利弗·E.威廉姆森：《资本主义经济制度：论企业签约与市场签约》，段毅才，王伟译，商务印书馆，2002。

[22] 凡勃仑：《有闲阶级论：关于制度的经济研究》，李华夏译，商务印书馆，1964。

[23] 萧伯纳：《费边论丛》，袁继藩、朱应庚、赵宗熠译，生活·读书·新知三联书店，1958。

[24] 阿瑟·奥肯：《平等与效率——重大的抉择》，王奔洲译，华夏出版社，1999。

[25] 刘波：《当代英国社会保障制度的系统分析与理论思考》，学林出版社，2006。

[26] 蔡思静：《物联网原理与应用》，重庆大学出版社，2006。

[27] 罗静、匡敏：《国内外养老保险关系转移接续经验借鉴》，《社会保障研究》2011年第4期。

[28] 董克用、王丹：《欧盟社会保障制度国家间协调机制及其启示》，《经济社会体制比较》2008年第4期。

[29] 陈仰东：《养老保险关系转移评析》，《中国社会保障》2008年第4期。

[30] 赵曼、刘鑫宏：《中国农民工养老保险转移的制度安排》，《经济管理》2009年第8期。

[31] 韦樟清：《社会养老保险制度整合模式研究——基于养老保险关系转移接续视角》，《福建农林大学学报（哲学社会科学版）》2012年第3期。

[32] 崔仕臣、杨华：《社会养老保险便携性机制探析》，《当代经济管理》2011年第6期。

[33] 杨燕绥：《社会保险关系的接续与携带》，《中国劳动保障》2005年第10期。

[34] 马彦：《我国养老保险关系转移接续问题的研究》，《北方经济》2009年第13期。

[35] 佚名：《如何打开城乡养老保险关系转接通道》，《中国人力资源社会保障》2011年第4期。

[36] 邓大松：《社会保险关系顺利接续事关重大》，《中国劳动保障》2005年第10期。

[37] 杨宜勇、谭永生：《全国统一社会保险关系接续研究》，《宏观经济研究》2008 年第 4 期。

[38] 杨燕绥：《社会保障是民生之安全网》，《中国劳动》2007 年第 10 期。

[39] 赵建国、杨燕绥：《中国社会保障体系的整合发展与重构：基于就业方式变革趋势下的分析》，《劳动保障世界》2010 年第 1 期。

[40] 郑功成：《实现全国统筹是基本养老保险制度刻不容缓的既定目标》，《理论前沿》2008 年第 18 期。

[41] 黄胜光：《养老保险关系转移难题待破解》，《四川劳动保障》2009 年第 3 期。

[42] 夏波光：《养老保险关系接续：忧思与破解》，《中国社会保障》2005 年第 5 期。

[43] 王利军：《关于社会养老保险关系转移接续问题的理论综述》，《辽宁大学学报（哲学社会科学版）》2009 年第 6 期。

[44] 才英姿：《论企业职工养老保险关系的转移与接续》，《科技信息》2009 年第 21 期。

[45] 徐秋花、侯仲华：《养老保险转移难点与对策》，《中国社会保障》2008 年第 9 期。

[46] 陈绍充、高洁：《破除城乡二元结构促进农民向城镇转移》，《宏观经济管理》2008 年第 5 期。

[47] 刘昌平、殷宝明：《养老金便携性与基本养老保险关系转续：基于便携性损失的测算》，《中国软科学》2012 年第 4 期。

[48] 尹庆双、杨英强：《农民工养老保险关系转移接续机制问题探讨》，《农村经济》2007 年第 12 期。

[49] 薛惠元：《"农民工"养老保险问题分析：基于公共财政的视角》，《现代经济探讨》2008 年第 9 期。

[50] 唐钧：《让农民工社保异地转移接续》，《瞭望》2007 年第 36 期。

[51] 杨宜勇、辛小柏、谭永生、邢伟：《全国统一的社会保险关系转续办法研究》，《中国劳动》2009 年第 2 期。

[52] 戴由武：《分段计算：破解养老保险转移难》，《中国社会保障》2008 年第 5 期。

[53] 杨英强：《农民工市民化实证研究》，《经济体制改革》2011 年第 6 期。

[54] 褚福灵：《一卡通之当下思考》，《中国人力资源社会保障》2012 年第 9 期。

[55] 郜源林、胡显岚、陈高华：《"保险关系随身带"的困境与出路》，《中国人力资源社会保障》2012 年第 9 期。

[56] 刘传江、程建林：《双重"户籍墙"对农民工市民化的影响》，《经济学家》2009 年第 10 期。

[57] 陆铭、蒋仕卿、陈钊、佐藤宏：《摆脱城市化的低水平均衡：制度推动、社会互动与劳动力流动》，《复旦学报（社会科学版）》2013 年第 3 期。

[58] 张雄伟：《和谐社会背景下青海农村劳动力转移成本问题研究》，《青海师范大学学报（哲学社会科学版）》2011 年第 1 期。

[59] 秦秋红：《农村劳动力转移的成本及其影响分析——兼论农村人力资本的形成》，《宁夏大学学报（人文社会科学版）》2006 年第 6 期。

[60] 席恒、翟绍果：《养老保险可携性研究：现状、问题与趋势》，《社会保障研究》2013 年第 1 期。

[61] 夏波光：《让转移接续更加顺畅》，《中国社会保障》2013 年第 3 期。

[62] 陈仰东：《转续之路"统一"给力：加快政策和管理的统一性》，《中国社会保障》2013 年第 3 期。

[63] 刘传江、程建林：《养老保险"便携性损失"与农民工养老保障制度研究》，《中国人口科学》2008 年第 4 期。

[64] 杨燕绥、于森：《转移携带非小事》，《中国人力资源社会保障》2013 年第 7 期。

[65] 褚福灵：《关于基本养老保险全国统筹的思考》，《中国社会保障》2013 年第 6 期。

[66] 赵树凯：《农村劳动力迁移：成本与风险的初步考察》，《农业经济问题》1995 年第 3 期。

[67] 龚莉：《中国的劳动力流动状况分析》，《现代经理人（中旬刊）》2006 年第 21 期。

[68] 关信平、郑飞北：《欧盟新成员国的养老保险改革与欧盟的"开放式协调"》，《欧洲研究》2006 年第 24 期。

[69] 仇雨临、黄小勇：《欧盟新老成员国养老保险制度改革比较》，《欧洲研究》2007 年第 4 期。

[70] 郭秀云：《借鉴欧盟流动劳动力社保与福利体系设计的经验》，《中国人力资源开发》2009 年第 10 期。

[71] 翁仁木:《解决跨国劳动力养老保险权益可携性问题的国际经验借鉴》,《西北人口》2010 年第 6 期。

[72] 张兴杰、杨慧:《农民工养老保险接续中的问题与对策探讨——以东莞市为例》,《西北人口》2006 年第 3 期。

[73] 徐阿莹:《农民工养老保险关系转移接续的出路》,《合作经济与科技》2010 年第 15 期。

[74] 李乐平:《论社会保障权》,《实事求是》2004 年第 3 期。

[75] 郭曰君、吕铁贞:《论社会保障权》,《青海社会科学》2007 年第 1 期。

[76] 蔡昉:《中国的劳动力市场发育与就业变化》,《中国职业技术教育》2008 年第 8 期。

[77] 席恒、周明:《转轨时期中国城乡人口流动决策动因研究》,《理论学刊》2008 年第 8 期。

[78] 桂世勋:《改革我国事业单位职工养老保险制度的思考》,《华东师范大学学报（哲学社会科学版）》2010 年第 3 期。

[79] 郑秉文:《事业单位养老金改革路在何方》,《河北经贸大学学报》2009 年第 5 期。

[80] 韩雁江:《关于不同基本养老保险之间关系转移接续问题的思考》,《劳动保障世界（理论版）》2012 年第 9 期。

[81] 席恒:《中国养老保险的理想模式和现实选择》,《中国社会保障》2008 年第 5 期。

[82] 景天魁:《底线公平与社会保障的柔性调节》,《社会学研究》2004 年第 6 期。

[83] 郑秉文:《改革开放 30 年中国流动人口社会保障的发展与挑战》,《中国人口科学》2008 年第 5 期。

[84] 何文炯:《养老保险转移平衡利益是关键》,《中国社会保障》2008 年第 5 期。

[85] 夏波光:《养老保险运行：用数据还原真相》,《中国社会保障》2013 年第 6 期。

[86] 于国祯:《养老保险缴费中断的原因及对策：对无锡市养老保险缴费状况的个案调查分析》,《劳动保障世界（理论版）》2013 年第 3 期。

[87] 杨燕绥、刘懿:《中国养老金改革的时间节点与政策路径——以人力资本和老龄化为视角》,《探索与争鸣》2013 年第 1 期。

[88] 褚福灵:《职工基本养老保险关系转移现状的思考》,《社会保障研究》2013

年第 1 期。

[89] 江长华：《养老保险"跟人走"照进现实》，《中国人力资源社会保障》2012
年第 9 期。

[90] 陈仰东：《碎片化是种历史现象：兼谈农民工养老保险制度必要性》，《中国
社会保障》2008 年第 11 期。

[91] 封进：《公平与效率的交替和协调——中国养老保险制度的再分配效应》，
《世界经济文汇》2004 年第 1 期。

[92] 封进：《中国养老保险体系改革的福利经济学分析》，《经济研究》2004 年第
2 期。

[93] 袁志刚：《中国养老保险体系选择的经济学分析》，《经济研究》2001 年
第 5 期。

[94] 李绍光：《养老金：现收现付制和基金制的比较》，《经济研究》1998 年
第 1 期。

[95] 齐明山：《有限理性与政府决策》，《新视野》2005 年第 2 期。

[96] 于大川：《社会养老保险中的博弈困境分析及对策》，《齐齐哈尔大学学报（哲
学社会科学版）》2007 年第 4 期。

[97] 黎民、赵频：《我国中央与地方政府财政关系上的机会主义及其抑制》，《贵
州社会科学》2007 年第 1 期。

[98] 杨楠：《我国农民工"退保潮"问题研究》，《当代经济》2012 年第 16 期。

[99] 张雅菲、陈少晖：《我国养老保险关系转移接续问题探析——基于跨统筹区
域转移的视角》，《北华大学学报（社会科学版）》2013 年第 4 期。

[100] 赵树凯：《中国农村劳动力流动与城市就业》，《当代亚太》1998 年第 7 期。

[101] 韩淑娟、马瑜：《转型期劳动力回流问题研究：以山西抽样调查为例》，《经
济问题》2013 年第 5 期。

[102] 钟心岩：《企业职工养老保险关系跨省转移情况分析》，《中国社会保障》
2013 年第 3 期。

[103] 刘东：《交易费用概念的内涵与外延》，《南京社会科学》2001 年第 3 期。

[104] 刘晓静：《论中国养老服务的政策取向：基于养老服务政策变迁的视角》，
《河北学刊》2014 年第 5 期。

[105] 姚俊：《需求导向抑或结构制约——中国养老服务政策变迁的制度嵌入性分
析》，《天府新论》2015 年第 5 期。

[106] 郭林、张亚飞：《中国民间资本参与养老服务体系建设的变迁与评析》，《学术论坛》2014 年第 4 期。

[107] 王保云：《物联网技术研究综述》，《电子测量与仪器学报》2009 年第 12 期。

[108] 孙其博、刘杰、黎羴、范春晓、孙娟娟：《物联网：概念、架构与关键技术研究综述》，《北京邮电大学学报》2010 年第 3 期。

[109] 许艺妍、吴宏洛：《城市居民的养老意愿与老年人精神需求探析：以福州市为例》，《福建行政学院学报》2013 年第 2 期。

[110] 孟小峰、慈祥：《大数据管理：概念、技术与挑战》，《计算机研究与发展》2013 年第 1 期。

[111] 俞立平：《大数据与大数据经济学》，《中国软科学》2013 年第 7 期。

[112] 迪莉娅：《我国大数据产业发展研究》，《科技进步与对策》2014 年第 4 期。

[113] 姚琪：《大数据在"智慧校园"中的价值研究》，《信息网络安全》2013 年第 8 期。

[114] 朱堃、王瑜：《完整架构＋量身定制让大数据"价值最大化"》，《通信世界》2013 年第 15 期。

[115] 陈宪宇：《大数据的商业价值》，《企业管理》2013 年第 3 期。

[116] 郑功成：《全国统筹：优化养老保险制度的治本之计》，《光明日报》2013 年 7 月 23 日。

[117] 郑秉文、齐传君：《社保制度走到十字路口："大一统"还是"碎片化"》，《中国证券报》2009 年 1 月 22 日。

[118] 郝枫、郭荷：《我国劳动力流动抑制代际传承的理论逻辑与经验检验》，《中央财经大学学报》2019 年第 2 期。

[119] 黄文彬、王曦：《流动成本与城市间劳动力配置效率》，《南方经济》2020 年第 3 期。

[120] 黄娴静、王雪霏：《宏观政策不稳定性与企业创新：基于劳动力流动和资本成本溢价视角的分析》，《武汉金融》2022 年第 10 期。

[121] 陈琇惠：《权益之确保与延续：两岸移动劳动者养老保险可携性探讨》，《中国公共政策评论》2016 年第 11 卷第 2 期。

[122] 杨光、韩桂林、袁婷等：《机关事业单位养老保险并轨中的转移接续问题研究》，《时代金融》2017 年第 1 期。

[123] 项丽萍、陈正光：《我国基本养老保险关系城乡转移接续政策研究》，《改革

与战略》2017 年第 5 期。

[124] 房连泉：《实现基本养老保险全国统筹的三种改革路径及利弊分析》，《北京工业大学学报（社会科学版）》2019 年第 3 期。

[125] 韦樟清：《省级统筹模式下地区间养老基金平衡研究——基于养老保险关系转移接续视角》，《福建论坛（人文社会科学版）》2016 年第 12 期。

[126] 常仁珂：《浅析流动人口养老保险关系转移接续的利益冲突》，《社会视野》2017 年第 13 期。

[127] 覃曼卿：《粤港澳大湾区养老保险跨境可携性问题探究》，《特区经济》2021 年第 9 期。

[128] 刘晓磊：《我国机关事业单位养老保险制度的历史沿革及其启示》，《教育现代化》2019 年第 6 卷第 66 期。

[129] 马云超：《交易费用视角下中国养老保险流动性损失研究》，《社会保障评论》2019 年第 1 期。

[130] 马云超、席恒：《作为一种劳动关系的养老保险关系：可携性与制度安排》，《西北大学学报（哲学社会科学版）》2016 年第 6 期。

[131] 马云超：《社区智能养老服务系统的构建》，《西安财经学院学报》2017 年第 1 期。

[132] 席恒、马云超：《养老服务七支柱及其完善》，《中国社会保障》2014 年第 5 期。

[133] 马云超：《社会基本养老保险关系转移中的政府博弈行为研究》，《陕西行政学院学报》2014 年第 4 期。

[134] 韦樟清：《中国养老保险关系转移接续制度研究》，博士学位论文，经济思想史，2009。

[135] 徐旭：《中国转型时期的人口流动》，硕士学位论文，政治经济学，2007。

[136] 张广宇：《成本视角下的中国劳动力乡城流动问题研究》，博士学位论文，农业经济学，2006。

[137] 罗华荣：《农村劳动力流动的权益保护研究》，博士学位论文，政治经济学，2005。

[138] 朱筱：《我国基本养老保险关系跨域转移研究》，硕士学位论文，社会保障学，2012。

[139] 梁木：《中国基本养老保险省级统筹到全国统筹：问题与可能》，硕士学位论

文，社会保障，2008。

[140] 赵艳秋：《我国机关事业单位与企业基本养老保险制度比较及并轨研究》，硕士学位论文，社会保障学，2011。

[141] 史燕丽：《我国机关事业单位养老保险制度改革探析》，硕士学位论文，行政管理，2008。

[142] 张祺：《中国人口迁移与区域经济发展差异研究 ——区域、城市与都市圈视角》，博士学位论文，人口、资源与环境经济学，2008。

[143] 车薇娜：《我国养老保险转移接续困境及对策研究》，硕士学位论文，行政管理，2009。

[144] 马兰兰：《我国基本养老保险关系转移困境研究——基于福利刚性视角》，硕士学位论文，社会保障，2010。

[145] 刘雅：《劳动力流动就业背景下的养老保险关系转移接续办法研究》，硕士学位论文，社会保障，2011。

[146] 苏春红：《人口老龄化的经济效应与中国养老保险制度选择》，博士学位论文，财政学，2010。

[147] 马永华：《有限理性视角下养老保险统筹层次提高问题研究》，博士学位论文，劳动经济学，2010。

[148] 吴敏：《基于需求与供给视角的机构养老服务发展现状研究》，博士学位论文，社会医学与卫生事业管理，2011。

[149] 陈凯堂：《福建省城乡养老保险转移接续问题研究》，福建农林大学，2017。

[150] P.Choate and J.K.Linger, *The high-flex society : shaping America's economic future*（New York：Alfred A. Knopf, 1986）.

[151] S.Poncet, "Provincial migration dynamics in China : borders, costs and economic motivations," *Regional Science and Urban Economics* 36（2006）. R.L.Clark and A. McDermed, "Pension wealth and job changes : the effects of Vesting probability and lump-sum distributions," *The Gerontological Society of America* 28, no.4（1988）.

[152] A.Ross, "Do we have a new industrial feudalism," *American Economic Review* 48, no.5（1958）.

[153] S.G.Allen, L.C.Robert and A.A.Mcdermed, "Pension bonding and lifetime jobs," *Journal of Human Resources* 28, no.3（1993）.

[154] Vincenzo and Andrietti，"Portability of supplement arypension rights in the European union," *International Social Security Review* 1，no.54（2001）.

[155] Chen An and Filip Uzelac，"Portability, salary and asset price risk: a continuous-time expected utility comparison of db and dc pension plans," Risks3,no.1(2015).

后　记

　　在这本书稿完成之时，我感慨万千，但最想说的就是，感谢敬爱的导师席恒教授，是您给了我一个重回西大继续学习的机会。从博士论文的写作到毕业后的研究方向，甚至这本著作的撰写，对于资质平平的我，您总是不厌其烦地给我讲解，积极提出意见和建议。另外，席恒教授对学术的孜孜不倦以及对养老保障这一领域的专注与投入，都是我学习的榜样。感谢导师带领我进入养老保障这一学术领域，"老吾老以及人之老"，我们每个人都有父母，也会面临老去的境遇，研究养老保障这一问题，不但是关系社会和谐的大事，而且与我们每个人甚至子孙后代都息息相关，因此推动社会养老保障事业的学术研究是必然的，能进入这一研究领域，我是幸运的。

　　感谢我的家人做好生活保障，使我有足够的学习时间，理解万岁！

　　感谢我的女儿桐桐，在我烦躁苦闷的时候，给予我快乐与力量！